Ökonomien der Zukunft

Tobias Werron

Der globale Nationalismus

NP
&I

Inhalt

Einleitung und Überblick

Der Nationalismus hat eine Eigenschaft, die ihn politisch wie wissenschaftlich interessant macht: Er will einfach nicht verschwinden. Diese Eigenschaft fällt heute besonders auf, da das Ende des Nationalismus bereits mehrfach angekündigt und dann wieder abgesagt worden ist. Noch vor wenigen Jahren, in der Globalisierungsdebatte der 1990er und 2000er Jahre, meinten viele, dass in unserem »globalen Zeitalter« für Nationalstaat und Nationalismus kein Platz mehr sei. Der Nationalstaat sei zu groß für die kleinen und zu klein für die großen Probleme, hieß es, der Nationalismus zu eng für eine Welt, die immer mehr zusammenwächst, und so sei es nur eine Frage der Zeit, bis beide von anderen, geeigneteren Formen der Identitätsbildung und Staatsorganisation abgelöst würden.[1]

Diese Diskussion kann einem schon wieder veraltet vorkommen. Statt vom Ende ist seit einiger Zeit von einem »neuen Nationalismus« die Rede. Der britische Brexit, die aggressive Rhetorik autoritärer Regimes in Russland, China oder der Türkei, der Unabhängigkeitskampf nationaler Bewegungen in Katalonien oder Schottland, Wahlerfolge nationalistischer Parteien wie der AfD und des Front National in Europa und ein - durch die Wahl Donald Trumps zum US-Präsidenten 2016 verstärkter - Trend zu protektionistischer Handelspolitik: All dies scheint nahezulegen, dass der Nationalismus in den letzten Jahren weltweit wieder an Präsenz und Einfluss hinzugewonnen hat. Dabei mischt sich die Debatte über den Nationalismus mit Diskussionen über andere drängende Themen wie Populismus und Autoritarismus, die irgendwie mit dem neuen Nationalismus zusammenzuhängen scheinen, auch wenn dieses »irgendwie« selten genauer erläutert wird.

Umso dringlicher erscheint die Frage, welche Rolle der Nationalismus in diesem Problemgeflecht spielt: Was genau ist eigentlich Nationalismus? Weshalb hat er sich als beharrlicher erwiesen, als ihm vorhergesagt worden war? Was ist von ihm noch zu erwarten, wie könnten wir uns zu ihm verhalten? Ich beantworte diese Fragen hier aus einer soziologischen Perspektive, die Einsichten aus der neueren Nationalismus- und Globalisierungsforschung miteinander verbindet. Meine Hauptthese wird sein: Wir können den Nationalismus nicht verstehen, ohne unseren gewohnten Blick auf ihn in zwei grundsätzlichen Hinsichten zu überdenken und neu einzustellen.

Erstens: Wir neigen dazu, den Nationalismus als politische Ideologie aufzufassen und mit seinen auffälligsten Erscheinungsformen gleichzusetzen. Nationalisten, das sind Leute, die Fahnen schwenken, Kriege führen, aus der Geschichte nichts gelernt haben und mit den Komplexitäten des modernen Lebens nicht zurechtkommen, und Nationalismus ist die simpel gestrickte Ideologie, die zur Mentalität solcher Leute passt.

Zweitens: Wir neigen dazu, uns Nationalismus und Globalisierung als Gegensätze vorzustellen und daher zu unterstellen, dass mehr Globalisierung weniger Nationalismus und mehr Nationalismus weniger Globalisierung bedeutet. Beide Prämissen haben sich im öffentlichen Diskurs eingenistet, und beide lenken und beschränken unser Denken über Nationalismus.

Um den neuen Nationalismus zu verstehen, sollten wir beide Annahmen aufgeben und teilweise umkehren. Das impliziert *erstens:* Nationalismus ist nicht nur eine auffällige Ideologie, sondern auch eine unauffällig und leise operierende Institution. Institution, das heißt soziologisch: eine selbstverständlich gewordene Erwartung, von der unterstellt wird, dass sie von anderen geteilt wird. Da Selbstverständlichkeit das Hauptmerkmal von Institutionen ist, kann man sie leicht übersehen oder unterschätzen. Der moderne Nationalismus ist eine Institution in diesem Sinne. Er ist zu einer Institution geworden, indem er sich im Alltag festgesetzt und in einer etwa 200-jährigen Geschichte allmählich zu einer Hintergrundselbstverständlichkeit entwickelt hat, ohne die wir uns kaum noch in der Welt orientieren können. Die Beharrungskraft des Nationalismus hat daher auch mit einer spezifischen Wandlungs- und Anpassungsfähigkeit zu tun, die er sich im

Laufe dieser Geschichte erworben hat: mit seiner Fähigkeit, seinen Aggregatzustand immer wieder zu wechseln und einerseits gelegentlich auffällig, ideologisch und konfliktbereit in Erscheinung zu treten, andererseits aber auch immer wieder in den Hintergrund zurückzutreten und sich außerhalb des öffentlichen Blickfelds unauffällig fort- und festzusetzen. Diese beiden Aggregatzustände sind in der neueren Nationalismusforschung auch als »heißer Nationalismus« und »banaler Nationalismus« beschrieben und unterschieden worden, wobei »banal« im Kern heißt: Der Nationalismus ist auch präsent, wenn er gerade nicht auffällt.[2] Diese unauffällig-banale Dimension gilt es genauer zu verstehen, wenn wir uns nicht immer wieder aufs Neue von ihm überraschen lassen wollen.

Zweitens: Der häufig unterstellte Gegensatz zwischen Nationalismus und Globalisierung ist ein Artefakt zu enger, ökonomischer Begriffe von Globalisierung. Im öffentlichen Diskurs und in weiten Teilen der wissenschaftlichen Literatur wird Globalisierung mit wirtschaftlichen Prozessen gleichgesetzt, insbesondere mit der Transnationalisierung von Produkt- und Finanzmärkten, mit der Zunahme internationalen Handels und mit grenzüberschreitenden Aktivitäten transnationaler Unternehmen. Das erklärt, warum nach dem Ende des Ost-West-Konflikts in den 1990er und 2000er Jahren so viel vom »Ende des Nationalismus« sowie vom »Ende des Nationalstaats« die Rede war: Die vom Systemkonflikt befreite globale Wirtschaft, so dachte man, könne nun sämtliche territoriale Grenzen sprengen und eine »flache Welt« sowie ein wahrhaft »kosmopolitisches Zeitalter« hervorbringen.

Es erklärt zugleich, weshalb sich diese Diagnosen als voreilig erwiesen haben. Denn dieses ökonomisch verkürzte

Globalisierungsverständnis übersieht einen wichtigen Punkt: Nationalismus und Nationalstaat sind ebenfalls Produkte der Globalisierung, ja vielleicht ihre erfolgreichsten und folgenreichsten Produkte überhaupt. Um dies sehen und untersuchen zu können, muss der Begriff der Globalisierung jedoch auf außerökonomische Prozesse und zugleich historisch erweitert werden. Dies vorausgesetzt, lässt sich auch die Geschichte des Nationalismus selbst als eine Globalisierungsgeschichte erzählen, nämlich als Geschichte eines modernen politischen Diskurses, der sich im späten 18., frühen 19. Jahrhundert formierte, im 19. und 20. Jahrhundert weltweit verbreitete, im internationalen Recht kodifiziert wurde und entscheidend zur Institutionalisierung des heutigen Staatensystems beigetragen hat. So betrachtet, bilden Nationalismus und Globalisierung keinen Gegensatz, sondern eine über Jahrhunderte gewachsene Steigerungsbeziehung.

Führt man diese Überlegungen – jene zum »banalen« Nationalismus und jene zur Globalisierung des Nationalismus – zusammen, erscheint der moderne Nationalismus als eine globale Institution, die ihre Beharrungskraft auch der Fähigkeit verdankt, beständig zwischen auffälligen und unauffälligen Aggregatzuständen wechseln zu können. *Banaler Nationalismus, globaler Nationalismus:* Der Essay wird diese unzureichend beachteten Dimensionen des modernen Nationalismus näher beschreiben und zueinander in Beziehung setzen und vor diesem Hintergrund am Schluss ein paar Überlegungen zur Frage anstellen, was den »neuen Nationalismus« im historischen Vergleich auszeichnet und wie wir uns selbst zu ihm verhalten könnten.

Was ist Nationalismus? Begriffliche Vorbemerkungen

Wovon sprechen wir, wenn wir von Nationalismus sprechen? Mit welchem Begriff lässt sich der Nationalismus als globale Institution in den Blick nehmen und historisch einordnen? Bei der Annäherung an diese Fragen hilft zunächst die Einsicht, dass der Nationalismus gegenwärtig nicht zum ersten Mal wiederentdeckt wird. Insbesondere in den späten 1970er und frühen 1980er Jahren war schon einmal auffallend viel von einer »Wiederkehr« des Nationalismus die Rede, in Formulierungen, die bisweilen denen der heutigen Diskussion bis aufs Wort gleichen. Ein wichtiger Anlass für die damalige Debatte waren nationalistisch motivierte Kriege in Ostasien, ein weiterer ein Trend zu protektionistischer Wirtschaftspolitik (nicht zuletzt auch der damaligen US-Regierung), der schon damals viele von einem »neuen ökonomischen

Nationalismus« sprechen ließ.[3] Und auch schon damals wurden nationalistische Rhetorik und Handelspolitik als Reaktion auf Globalisierungsprozesse der Nachkriegszeit beschrieben, nur dass das Wort Globalisierung noch nicht in Mode und stattdessen eher von »Internationalisierung« oder »globaler Integration« die Rede war.[4]

Die frühen 1980er Jahre waren daher nicht zufällig auch die Zeit, als sich Sozial- und Kulturwissenschaftler unterschiedlicher Forschungsrichtungen intensiver mit dem Nationalismus zu beschäftigen begannen.[5] Viele der seitdem erschienenen sozialwissenschaftlichen und historischen Studien gingen von der Beobachtung aus, dass sich der Nationalismus als stabiler und robuster erwiesen hatte, als ihm von tonangebenden Theorien – insbesondere aus der marxistischen Tradition – zugetraut worden war.[6] Ganz in diesem Sinne kommentierte Benedict Anderson, selbst ein vom Nationalismus überraschter Marxist, in seinem 1983 erschienenen Buch *Imagined Communities* die Lage mit einem Satz, der genauso auch die heutige Lage beschreiben könnte: »Das schon so lange verkündete ›Ende des Zeitalters des Nationalismus‹ ist nicht im Entferntesten in Sicht.«[7]

Die Erkenntnis, dass der Nationalismus persistenter ist, als man gedacht oder sich gewünscht hatte, ist also selbst schon über 30 Jahre alt. Anders als die ökonomisch dominierte Globalisierungsdebatte der 1990er und 2000er Jahre hat die sozial- und kulturwissenschaftliche Nationalismusforschung der letzten Jahrzehnte diese Erkenntnis in der Zwischenzeit nicht vergessen und sich zu einem fruchtbaren Forschungszweig entwickelt, der sich in den letzten Jahren auch mit der neueren Globalisierungsliteratur verbunden hat.

Dabei sind auch einige bleibende Einsichten zum Begriff des Nationalismus entstanden, die ich hier zu einer Arbeitsdefinition zusammenführen will:

Nationalismus als Diskurs zur Konstruktion von Kollektividentitäten

Benedict Anderson hatte Nationen als *vorgestellte Gemeinschaften* definiert. Was sich wie eine alltagsnahe Formulierung anhört, ist in einem doppelten Sinn auch ein wissenschaftlich gehaltvoller Begriff: »Vorgestellte Gemeinschaft« bedeutet zunächst, dass Nationen nicht einfach Gemeinschaften von Individuen sind, die bestimmte Eigenschaften – eine Sprache, Religion oder sonstige ethnisch-kulturelle Merkmale – teilen. Vielmehr sind sie *diskursiv konstruierte Gemeinschaftsvorstellungen.* Als solche sind sie einerseits darauf angewiesen, diskursiv produziert und reproduziert zu werden. Andererseits können sie auch relativ unabhängig von faktischen Eigenschaften ihrer Mitglieder existieren. Das bindet sie an die Realität eines fortlaufenden Diskurses und entbindet sie zugleich partiell von tatsächlich geteilten Eigenschaften, insbesondere kultureller und ethnischer Art. Man kann diesen Gedanken auch so ausdrücken: Nicht Nationen bringen den Nationalismus, sondern der Diskurs des Nationalismus bringt Nationen hervor.

»Vorgestellte Gemeinschaft« hat aber auch noch einen zweiten, subtileren Sinn: Nationen sind vorgestellt auch in dem Sinne, dass sich die wenigsten ihrer Mitglieder persönlich kennen oder regelmäßig begegnen können. Sie sind daher, wenn überhaupt, nur in einem sehr artifiziellen Sinn »Gemeinschaften«. Das klassische Verständnis von Gemeinschaft ist an die Idee geknüpft, dass sich Mitglieder von Gemeinschaften aus wiederkehrender persönlicher Interaktion kennen und eng miteinander verbunden sind, weil sie einander in besonderem Maße vertrauen können oder aufeinander Rücksicht nehmen müssen (oder auch besonders häufig miteinander streiten). Nationen dagegen sind Kollektive einander persönlich meist Unbekannter, Fremder. Daher spricht man heute in der Nationalismusforschung von ihnen zu Recht eher als *Kollektividentitäten* denn Gemeinschaften.[8]

Diese Überlegungen machen zugleich verständlich, weshalb die Entstehung des modernen Nationalismus im späten 18. und frühen 19. Jahrhundert so eng mit dem Aufkommen moderner Medien - anfangs vor allem Zeitschriften und Zeitungen - verbunden war. Denn massenmediale Kommunikation erlaubt es, einen großen, anonymen Kreis von Mediennutzern als Kollektiv - »das Publikum«, »die Öffentlichkeit«, »die öffentliche Meinung« - anzusprechen, obwohl, ja weil sich die meisten Mitglieder dieses Kollektivs niemals persönlich begegnen werden. Das eröffnet zusätzliche Spielräume für die Imagination von Kollektividentitäten, die Face-to-face-Gemeinschaften nicht zur Verfügung stehen. Ein Spielraum ist Größe: Kollektividentitäten dieses Typus können, weil sie ohne persönliche Begegnungen auskommen, eine viel größere Zahl von Mitgliedern unter demselben Kollektivbegriff zusammenfassen. Ein anderer Spielraum ist zeitlicher Art: Die als »Öffentlichkeit« Angesprochenen, wöchentlich oder gar täglich die gleichen Medien Konsumierenden können trotz persönlicher und räumlicher Distanz dennoch eine gemeinsame Gegenwart teilen und sich in ihrer Vorstellung gleichzeitig durch eine gemeinsame Geschichte bewegen.[9] Auf dieser Grundlage lassen sich beispielsweise »die Deutschen« im Jahr 1928 als ein Kollektiv mit geteilter Gegenwart begreifen, das zugleich mit »den Deutschen« im Jahr 2017 eine gemeinsame Geschichte teilt.

In dieser Beschreibung zeigt sich ein paradoxes Erfolgsgeheimnis des Nationalismus, das für die folgenden Überlegungen von zentraler Bedeutung sein wird: Kollektividentitäten dieses medial produzierten Typs sind nur sehr bedingt davon abhängig, dass ihre Mitglieder tatsächlich bestimmte Merkmale gemeinsam haben. Ihnen genügt die im kontinuierlichen öffentlichen Diskurs erzeugte, mehr oder weniger plausible *Vorstellung* geteilter Merkmale. So versteht man einerseits die leidenschaftliche, an religiösen Eifer erinnernde Intensität besser, mit der Nationalisten häufig versuchen, die Künstlichkeit dieser Vorstellung mit dem Anschein historischer Natürlichkeit zu überspielen.[10] Kurz, man versteht, wie das »ideologische« Erscheinungsbild des Nationalismus zustande kommt. Andererseits kann man sich nun auch leichter vorstellen, dass nationale Kollektividentitäten auf routinehafte, unauffällige Weise am Leben erhalten werden können, nämlich einfach dadurch, dass sie wiederholt in öffentlichen Diskursen vorkommen und als existierend und bedeutsam *unterstellt* werden. Während sich die auffällige Herstellung von Kollektividentitäten auf Zurschaustellung leidenschaftlicher Kollektividentifikation stützt, stützt sich die unauffälligere Reproduktion auf alltägliche *Unterstellungen* und kommt daher auch ganz ohne Leidenschaft aus. Der moderne Nationalismus stützt sich auf beide Reproduktionsweisen gleichermaßen, und man versteht ihn nur, wenn man beide im Blick behält.

Damit können wir ein erstes Begriffsmerkmal festhalten: Nationen sind diskursiv hergestellte Kollektividentitäten, deren Mitglieder sich nur bedingt persönlich kennen können bzw. müssen. Nationalismus lässt sich entsprechend zunächst definieren als eine diskursive Formation (eine Art des Kommunizierens, Redens und Schreibens), die dafür sorgt, dass Kollektividentitäten dieses Typs entstehen und sich stabilisieren können.[11] Dieses Merkmal reicht jedoch allein nicht aus, da dieser Begriff auch viele andere vorgestellte Kollektive umfassen könnte, darunter religiöse Konfessionen, Fans von Fußballvereinen oder »scientific communities« wissenschaftlicher Disziplinen. Um den Nationalismus als spezifische Vorstellung von Kollektividentität zu bestimmen, sind zwei weitere Merkmale zu berücksichtigen.

Das politische Element des Nationalismus

Nationale Kollektividentitäten, wie sie sich der moderne Nationalismus vorstellt, sind Kollektividentitäten mit *politischen* Ambitionen, die auf politische Souveränität, letztlich auf die Gründung und Erhaltung von Nationalstaaten abzielen. Genauer: Der moderne Nationalismus ist ein *politisches Legitimierungsprinzip,* das auf dem Prinzip der Volkssouveränität (popular sovereignty) aufruht.[12] Damit stellt er die Legitimierung von Staatlichkeit, wie sie aus der frühen Neuzeit überliefert war, vom Kopf auf die Füße: Nicht das Volk ist für den Staat da, sagt der Nationalismus, sondern der Staat legitimiert sich, indem er vorgibt, für das Volk – »die Nation« – da zu sein. In der Nationalismusforschung wird dies auch *Legitimation von unten* genannt. Eine historisch wichtige Voraussetzung für diese Denkfigur ist die Vorstellung, dass alle individuellen Mitglieder der Nation dem Staat *direkt* – ohne Vermittlung durch andere politische Einheiten oder Instanzen – zugehören, so dass umgekehrt der Staat direkt diesen Mitgliedern verpflichtet sein kann.[13] Dieses politische Element unterscheidet Nationen von Religionen und anderen Kollektividentitäten und erklärt zugleich die grundlegende Bedeutung des Nationalismus für den Wandel von Staatlichkeit in den vergangenen etwa 200 Jahren. Der Forderung des Nationalismus entsprechend folgt staatliche Legitimität nicht mehr aus göttlichem Segen oder der Erbfolge von Herrscherdynastien, sondern muss durch rhetorischen Bezug auf das Wohlergehen »der Nation« erstritten und verdient werden. Umso überlebenswichtiger wird es nun für alle Repräsentanten staatlicher Herrschaftsansprüche, die Existenz einer Nation behaupten und nach innen wie außen plausibel machen zu können. Der Nationalismus fügte also insofern eine Zäsur in die Geschichte moderner Staatlichkeit ein, als er die *Legitimitätsbedingungen von Staatlichkeit* grundlegend verändert hat.[14] Auf diese Weise stützen sich vorgestellte Kollektividentitäten und politische Ambitionen des Nationalismus gegenseitig ab.

Das universale bzw. globale Element des Nationalismus

Das führt zum dritten und letzten Merkmal des modernen Nationalismus, das hier besonders betont sei, weil es häufig übersehen oder vernachlässigt wird. Pointiert zusammengefasst ist es im folgenden Satz: »Nationalisten leben in einer internationalen Welt, und ihre Ideologie ist selbst eine internationale Ideologie.«[15] Mit anderen Worten: Der Nationalismus zielt nicht nur auf die Behauptung einer Kollektividentität und die Legitimation von Staatlichkeit ab, sondern auch auf eine weltumspannende Ordnungsidee. Diese Idee lässt sich am besten mithilfe einer Metapher erläutern:

Der Diskurs des modernen Nationalismus stellt sich die Welt wie ein großes Haus vor, das aus zahlreichen Wohnungen (Staaten) besteht, die alle von jeweils genau einer Nation bewohnt (legitimiert) werden. Im Haus der Nationen hat jede Nation exklusiven Anspruch auf eine mehr oder weniger große Wohnung, muss dafür aber im Prinzip auch akzeptieren, dass es andere Nationen gibt, die ebenfalls exklusiven Anspruch auf ihre je eigene Wohnung erheben können. Die Zahl der Nationen und die Größe der Wohnungen sind nicht a priori festgelegt; jeder Anspruch ist historisch zu begründen und letztlich politisch oder militärisch durchzusetzen. Ist das Haus aber einmal eingerichtet, ist es im Prinzip auf Konstanz und Stabilität angelegt, so dass, wer einmal eine Wohnung bezogen hat, sie in der Regel nicht wieder räumen muss (es sei denn vielleicht, er hat sie durch einseitige Annexion oder Kolonialisierung erworben).[16]

Dieses Bild beschreibt nicht nur eine Vorstellung, die sich der Nationalismus von der Welt macht, sondern ist in den Jahren nach 1945 auch im Selbstbestimmungsrecht der Nationen – in der UN-Charta und in den Menschenrechtserklärungen – völkerrechtlich kodifiziert worden.[17] Das Weltbild des Nationalismus findet seitdem also auch Unterstützung in offiziellen völkerrechtlichen Dokumenten. Für die Stabilität des internationalen Systems ist dies mit durchaus widersprüchlichen Effekten verbunden. Denn nationale Legitimität ist dadurch gleichermaßen zu einem Motiv für die Bestandserhaltung des internationalen Systems – die

»Souveränität« bestehender Staaten – wie auch für die potenzielle Unruhe und Bewegung in diesem System – »das Selbstbestimmungsrecht der Völker« – geworden. Damit bildet es zugleich die Grundlage dessen, was wir in der Alltagssprache mehr oder weniger selbstverständlich mit dem Begriff der »Gesellschaft« verbinden: eine kulturell und politisch-staatlich integrierte Einheit, die sich mit zahlreichen anderen Einheiten dieses Typs die Erdoberfläche teilt: Die deutsche Gesellschaft, die französische Gesellschaft, die argentinische Gesellschaft, die haitianische Gesellschaft. Wie diese Analyse zeigt, ist diese Vorstellung jedoch alles andere als natürlich. Sie erscheint uns nur natürlich, weil sich der Nationalismus in den vergangenen 200 Jahren zu einer globalen Institution entwickelt und sich ein Staatensystem nach seinem Bilde geschaffen hat.

Dieser Begriff des modernen Nationalismus impliziert einen historischen Bruch zwischen dem modernen System der Nationalstaaten und seinem Vorgänger, dem frühneuzeitlichen europäischen Staatensystem, *ohne* historische Kontinuitäten zwischen beiden zu bestreiten: Auch das frühneuzeitliche System bestand aus mehr oder weniger bürokratisch organisierten Staaten, und zentrale Institutionen der frühneuzeitlichen »international society« wie Souveränität, Diplomatie und internationales Recht prägen das Nationalstaatensystem bis heute. Aber der Nationalismus stellte das internationale System auf eine neue und universale, potenziell weltumspannende Legitimationsgrundlage.[18] Entsprechend konnten sich seit dem frühen 19. Jahrhundert nicht nur europäische Staaten und Nationalisten, sondern auch außereuropäische antikoloniale Bewegungen auf den Nationalismus berufen und ihn zur Grundlage ihrer Vereinigungs- oder Sezessionsprojekte machen. Mit anderen Worten: Der Nationalismus ist das Prinzip, mit dessen Hilfe sich das europäische Staatensystem globalisiert hat.

Es liegt in der Logik dieses Begriffs, nicht nur die Frage nach der Beziehung zwischen Moderne und Nationalismus aufzuwerfen, die seit Langem im Mittelpunkt der Nationalismusforschung steht,[19] sondern auch die Frage nach der Beziehung zwischen Nationalismus und Globalisierung.[20] Denn darin, eine *universalistische Vorstellung einer partikularistisch geordneten Welt* entwickelt und durchgesetzt zu haben, liegt dieser Beschreibung zufolge ja die epochale Leistung des modernen Nationalismus. An diesem universalen bzw. globalen Element lässt sich daher zugleich am besten zeigen, weshalb der moderne Nationalismus in der Tat eine *moderne* Institution ist.

In der Nationalismusliteratur ist dies eine umstrittene Frage: Seit Langem wird dort darüber gestritten, wann und wo die ersten Nationen entstanden sind und wie weit sich die Geschichte einzelner Nationen und Nationalismen zurückverfolgen lässt. Die sog. Antimodernisten beharren darauf, dass sich die historischen Wurzeln von Nationen bis in die frühe Neuzeit oder sogar in die Antike zurückverfolgen lassen und dass man die heutige Anziehungskraft des Nationalismus ohne Berücksichtigung dieser Geschichte gar nicht verstehen kann.[21] Die sog. Modernisten dagegen halten den Nationalismus für ein genuin modernes Phänomen, das sich erst vor etwa 200 bis 250 Jahren formiert hat, und argumentieren, dass man sich über diese relative historische Neuheit des Nationalismus nicht von der Rhetorik der Nationalisten täuschen lassen sollte, zu deren Geschäftsmodell es gehöre, die Geschichte ihrer Nationen weit in die Geschichte zurückzuverlegen. Ernest Gellner hat diese Auffassung in einem schönen Bild zusammengefasst: Nationen bräuchten keinen tatsächlichen natürlichen Nabel (= keine vormodernen historischen Wurzeln), sondern allenfalls einen *imaginären* Nabel.[22] Kurz: Nationen brauchen keine tatsächliche, sondern nur eine plausible, gut erfundene Geschichte, die es ihnen erlaubt, sich als Einheiten mit Geschichte *darzustellen*.

Die Argumente der Modernisten erhalten zusätzliches Gewicht, bezieht man auch das globale Element in die Definition des Nationalismus ein. Zwar hat der moderne Nationalismus unbestreitbar eine lange Vorgeschichte, die in der nationalistischen Rhetorik bis heute eine zentrale Rolle spielt. Ebenso unbestreitbar hat erst der moderne Nationalismus die Vorstellung nationaler Kollektividentitäten und deren politische Ambitionen mit der Vorstellung eines weltweiten internationalen Systems verknüpft, das die ganze Welt in Nationen aufteilt und dadurch alle zwingt, in einem internationalen Umfeld zu denken und zu operieren: als Nachbar, potenzieller Gegner und Kooperationspartner in einem übergreifenden System, in dem sich alle Staaten national legitimieren müssen. Wie lange die Vorgeschichte des Nationalismus also auch zurückreicht und wie wichtig historische Narrative und Symbole für die emotionale Anziehungskraft des Nationalismus auch sein mögen: *Diese* für den modernen Nationalismus konstitutive Idee hat sich erst in den letzten 200 Jahren formiert und durchgesetzt.

Ich fasse zusammen: Ich verstehe Nationalismus als eine *diskursive Formation* (eine spezifische Art der Kommunikation), die sich aus drei konstitutiven Elementen zusammensetzt.

- *Konstruktion von Kollektividentitäten (kulturelles Element):* Moderner Nationalismus zielt auf die Konstruktion von nationalen Kollektividentitäten, deren Mitglieder sich nicht oder nur ausnahmsweise persönlich kennen können.
- *Anspruch auf politische Souveränität (politisches Element):* Moderner Nationalismus zielt auf die Legitimierung eigener Staatlichkeit »von unten«, d. h. durch Bezug auf nationale Kollektividentitäten (Volkssouveränität).
- *Weltordnungsidee (globales bzw. universales Element):* Moderner Nationalismus impliziert und propagiert die Vorstellung, dass die ganze Welt aus Nationen besteht bzw. aus Nationalstaaten bestehen soll.

Dass sich die ersten beiden Elemente im modernen Nationalismus miteinander verbunden haben, gehört zum Standardwissen der Nationalismusforschung, prägnant zusammengefasst in Ernest Gellners Formulierung, Nation und Staat seien im modernen Nationalismus wie in einer »Ehe« miteinander verbunden.[23] Das globale bzw. universale Element ist dagegen vergleichsweise selten als eigenständiges Element des modernen Nationalismus gesehen und untersucht worden.[24] Gerade darin, sich als globale Ordnungsidee und Institution durchgesetzt zu haben, unterscheidet er sich jedoch von allen seinen historischen Vorgängern. Die folgenden Abschnitte fragen, wie es ihm gelungen ist, zu einer globalen Institution zu werden.

Ausgangsproblem und These: Zur Reproduktion des Nationalismus als globale Institution

Dieser Begriffsvorschlag hat auch Konsequenzen für die Auswahl der Fragen, die man an die Geschichte des Nationalismus richtet. Dass Nation und Staat im modernen Nationalismus eine »Ehe« eingegangen sind, legt zunächst einmal nahe, sich vor allem dafür zu interessieren, wie diese Ehe historisch arrangiert worden ist und vor Trennung und Scheidung bewahrt wird. Diese Frage gibt es in zwei Varianten: Wie gelingt es Nationen, ihre Ambitionen auf Staatlichkeit durchzusetzen (Nation > Staat)? Und wie gelingt es Staaten, sich eine nationale Kollektividentität zu schaffen bzw. mit Bezug auf nationale Kollektividentität zu legitimieren (Staat > Nation)? Historische Analysen des Nationalismus kreisen daher von Anfang an um Begriffspaare, die sich an der Unterscheidung Staat vs. Nation orientieren, und tendieren dazu, zwei typische Formen des Nationalismus zu unterscheiden: solche, die primär von Staatsseite aus definiert und betrieben wurden (»Staatsnation«; »offizieller Nationalismus«; »staatsgeführter Nationalismus«), und solche, die ausgehend von einer nationalen Kollektividentität definiert und betrieben wurden (»Kulturnation«; »kulturell-ethnischer Nationalismus«; »gegenstaatlicher Nationalismus«).[25] An diese grundlegende Unterscheidung lassen sich viele weitere Fragen anknüpfen, beispielsweise die Frage, welche Rolle intellektuelle Eliten bei der »Erfindung« von Nationen spielen, wie es politischen Eliten und Interessengruppen gelingt, ihre Vorstellungen von nationalen Kollektividentitäten bei der breiten Bevölkerung zu popularisieren (beispielsweise durch Tausch von materiellen Vorteilen und politischer Anhängerschaft), unter welchen historischen Voraussetzungen sich das Modell des Nationalstaats im 19. und 20. Jahrhundert weltweit verbreitete, oder welche spezifische Rolle dabei der antikoloniale Nationalismus spielte.[26]

Das sind die leitenden Fragen der existierenden Forschung über den modernen Nationalismus. Sie sind wichtig und aufschlussreich, aber sie erschöpfen die Problematik des modernen Nationalismus nicht. Was sie nicht oder nur bedingt erfassen, sind die Gründe für die Beharrungskraft des Nationalismus insgesamt: für seine Eigenschaft als globale Institution.

Das wird deutlicher, wenn man den historischen Prozess mit in den Blick nimmt, in dem sich der Nationalismus verbreitet und in dem er andere Formen politischer Organisation nach und nach verdrängt hat. Der Nationalismus hat sich im 19. und 20. Jahrhundert wellenförmig verbreitet, so dass man annähernd seit den 1970er Jahren und praktisch vollständig seit den 1990er Jahren davon sprechen kann, dass die ganze Welt in Nationalstaaten aufgeteilt ist. So vergrößerte sich der prozentuale Anteil der von Nationalstaaten regierten Erdoberfläche allmählich zum Nachteil der von anderen Organisationsformen regierten Fläche, insbesondere der bis weit ins 20. Jahrhundert dominierenden Imperial- und Kolonialreiche, bis jene anderen Formen mehr oder weniger vollständig verschwunden waren und der Nationalstaat als einzige legitime Form von Staatlichkeit übrig blieb.*

So beschrieben, wird deutlich, dass man den Nationalismus nicht nur benötigt, um nationale Bewegungen zu mobilisieren, Nationalstaaten zu gründen und andere Formen politischer Organisation zu verdrängen. Das auch. Darüber hinaus bildet der Nationalismus aber auch die *Legitimationsgrundlage des weltumspannenden Staatensystems insgesamt,* das im Zuge seiner Verbreitung entstanden ist. Er ist die diskursive Formation zur Legitimierung von Staatlichkeit, an die sich die politische Ordnung der Welt anlehnt. Wie viele Staaten es gibt oder geben soll, bleibt auch in einer nationalistisch geordneten Welt letztlich offen, weil es für die Frage, was als »Nation« Anerkennung findet, keine rechtlich regulierte Antwort geben kann.[27] Aber eines ist aufgrund der globalen Institutionalisierung des Nationalismus heute relativ sicher vorhersagbar: Jeder neue Staat wird ein weiterer Nationalstaat sein, und der Fortbestand eines jeden Staats wird in absehbarer Zukunft immer

* Mit den anderen Formen sind meist Gebiete gemeint, die sich in kolonialer oder imperialer Abhängigkeit befanden, also – legt man Kriterien des Nationalismus zugrunde – in »Fremdherrschaft« regiert wurden.

auch davon abhängen, sich in einer Welt von Nationalstaaten seinerseits national legitimieren zu können.

Mit der globalen Expansion des Nationalstaatensystems, also mit Blickrichtung Gegenwart, verschiebt sich das Interesse am Nationalismus folglich von der Frage, wie einzelne nationale Bewegungen und Nationalstaaten entstehen bzw. entstanden sind, in Richtung der Frage, was den Nationalismus im Ganzen in Gang hält: Woraus bezieht die diskursive Formation des Nationalismus ihre Legitimationskraft in einer bereits vollständig in Nationalstaaten aufgeteilten Welt? Was sind die sozialen Reproduktionsmodi, die den Diskurs des Nationalismus stabil halten und seine Beharrungskraft erklären?

Die leitende These der folgenden Überlegungen ist, dass der moderne Nationalismus beides ist, Ideologie und Institution, und dass wir ihn nur verstehen können, wenn wir beides gleichermaßen im Blick behalten: Der moderne Nationalismus hat sich in einer etwa 200-jährigen Geschichte die Fähigkeit angeeignet, sich nicht nur auf auffällig-ideologische, sondern auch auf unauffällige, »banale« Weise zu reproduzieren, und die Beharrungskraft des modernen Nationalismus hat vor allem auch mit der Stabilität zu tun, die ihm seine unauffälligeren Reproduktionsmodi verleihen. Im nächsten Abschnitt erläutere ich diese These zunächst, indem ich vier Reproduktionsmodi des modernen Nationalismus unterscheide und jeweils kurz beschreibe: zwei auffällige, viel erforschte, hier *Identitätsnationalismus* und *Konfliktnationalismus* genannt, und zwei weniger auffällige und weniger erforschte, hier *institutionalisierter Nationalismus* und *Knappheitsnationalismus* genannt. Anschließend setze ich sie zur Geschichte des Nationalismus im 19. und 20. Jahrhundert in Beziehung und deute an, wie sie sich unter dem Einfluss von Globalisierungsprozessen gewandelt und ausdifferenziert haben.

Auffällige Reproduktion (I): Identitätsnationalismus

Nach der oben vorgeschlagenen Definition gilt zunächst: Nationalismus konstruiert Kollektividentitäten und verbindet sie mit politischen Ambitionen. Das ist seine primäre historische Leistung. Die seit Anfang der 1980er Jahre entstandene neuere Nationalismusforschung hat sich daher zunächst vor allem für die Frage interessiert, wie nationale Kollektividentitäten konstruiert werden: welche ihre fundierenden Narrative, Gemeinschaftsimaginative und historischen Mythen sind; mit welchen symbolischen Mitteln sie propagiert werden (Flaggen, Hymnen, Denkmäler etc.); auf welchen sozialen Milieus und Netzwerken sie beruhen; und wie sie politisiert und von nationalen Bewegungen mobilisiert werden. Man kann diese Aspekte der Reproduktion des Nationalismus unter dem Titel *Identitätsnationalismus* zusammenfassen. Inzwischen sind wohl fast alle Nationalismen mehrfach unter solchen Gesichtspunkten analysiert und historisch untersucht worden.

Die entsprechenden Studien haben immer wieder gezeigt, dass die erfolgreiche Konstruktion nationaler Kollektividentitäten auf *narrative Gedächtnispflege* angewiesen ist, d. h. auf Diskurse, die an die Existenz der Nation erinnern, ihr eine möglichst lange und bedeutungsvolle Geschichte zuschreiben und sie dadurch in den Köpfen der vorgestellten Nationsmitglieder zu verankern suchen. »Was ist Deutsch?«, »Was ist

Englisch?« fragen Beiträge zu diesem Diskurs, und antworten, indem sie historische Erfahrungen, kulturelle Eigenarten, religiöse Zugehörigkeiten u. a. sammeln und in einer Definition nationaler Einzigartigkeit zusammenführen.[28] In Untersuchungen solcher Diskurse wird deutlich, wie voraussetzungsvoll und artifiziell jede Behauptung nationaler Kollektividentitäten ist, aber auch, wie es gelingen kann und immer wieder gelungen ist, sie gleichwohl als natürlich *erscheinen* zu lassen. Nationen sind Kunstprodukte des Nationalismus, aber eben auch höchst reale Kunstprodukte.

Hält man alle diese Untersuchungen nebeneinander, zeigt sich ein merkwürdiges Merkmal des Identitätsnationalismus, das deutlich macht, wie wichtig es ist, das globale bzw. universale Element des modernen Nationalismus nicht zu vernachlässigen: Nationalistische Diskurse behaupten die *Singularität* der eigenen Nation. Es gibt nur eine Kultur wie die deutsche, französische, argentinische, haitianische, australische, sagen deutsche, französische, argentinische, haitianische, australische Nationalisten. Vergleicht man sie alle miteinander, wird jedoch rasch deutlich, dass sie sich eines begrenzten Repertoires an typischen Erzählungen bedienen, insbesondere wiederkehrender Bezüge auf Territorien, kulturelle Eigenschaften, religiöse Motive und Elemente nationaler Symbolik (Flaggen, Hymnen, Denkmäler, Feiertage usw.), die einen verdächtig einheitlichen Eindruck machen.[29] Auf Bevölkerungsumfragen beruhende Forschung kommt zu einem ähnlichen Ergebnis, indem sie zeigt, dass als Gründe für nationale Identifikation bevorzugt Merkmale (wie Toleranz, Freiheitlichkeit, Offenheit usw.) angegeben werden, die die meisten Mitglieder aller anderen Nationen ebenfalls für sich in Anspruch nehmen würden.[30] Kurz: Alle Nationalisten ähneln einander in der Art und Weise, wie sie Einzigartigkeit behaupten. Das wiederum ist gar nicht verwunderlich, wenn man das universal-globale Merkmal des Nationalismus mitberücksichtigt. Denn dann leuchtet ein, dass sich alle Nationen, indem sie ihren Partikularismus einheitlich zur Schau stellen, zugleich füreinander als Nationen kenntlich machen und sich so Orientierungssicherheit geben in einem internationalen System, dem per definitionem nur Nationen zugehören. So bestätigt sich, dass alle Nationalismen, so einzigartig sie sich geben mögen, zugleich Ausprägungen eines globalen Modells sind: *des* Nationalismus.

Auffällige Reproduktion (II): Konfliktnationalismus

Nationalismus nährt sich nicht nur aus der Identifikation, sondern auch aus dem Konflikt; nicht nur aus diskursiver Vorstellungskraft, sondern auch aus gegenseitiger Abgrenzung; nicht nur aus Selbstbeschreibungen, sondern auch aus Fremdbeschreibungen und der Differenzierung zwischen »uns« und »denen«. Von dem oben erläuterten Identitätsnationalismus kann und sollte man daher einen anderen Reproduktionsmodus unterscheiden, zu dem der Titel Konfliktnationalismus passt. Einsichten in seine Funktionsweise verdanken wir einem Zweig der Nationalismusforschung, der untersucht hat, wie sich Kollektividentitäten in Konfliktsituationen aufeinander beziehen und voneinander abgrenzen. Diese Forschung hat gezeigt: Der Nationalismus regeneriert sich nicht zuletzt auch in Konflikten, insbesondere in Kriegen und Bürgerkriegen, so wie er umgekehrt Konflikte und Kriege häufig erst in Gang setzt.[31]

Identitäts- und Konfliktnationalismus stützen sich gegenseitig ab, denn Kollektividentitäten, die der Identitätsnationalismus historisch und ethnisch-kulturell begründet, werden in Konfliktsituationen geschärft, spezifiziert und wachgehalten. Die Plausibilität nationalistischer Weltauffassungen stützt sich daher nicht zuletzt auf wiederkehrende Gelegenheiten zur Behauptung von Kollektividentitäten durch Auseinandersetzung mit und Abgrenzung von anderen Kollektividentitäten. Man kann genauer bezeichnen, was einen Deutschen ausmacht, wenn man Deutsche und Franzosen voneinander unterscheiden und miteinander kontrastieren kann; und man kann leidenschaftlicher darüber reden, was es heißt, Engländer zu sein, wenn man Kriege mit anderen Nationen erlebt und durchlitten hat (oder vom nationalistischen Diskurs laufend an sie erinnert wird).

Identitäts- und Konfliktnationalismus wirken nicht nur zusammen, sie stehen auch im Mittelpunkt des Interesses der neueren Nationalismusforschung. Noch etwas haben sie gemeinsam: Sie sind schwer zu übersehen. Sie drängen sich dem Auge des Betrachters auf, weil sie auffällig, laut, ideologisch, bisweilen auch konfliktbereit, kämpferisch und kriegerisch auftreten. Das macht einen wichtigen Teil ihrer politischen Legitimationskraft und ihres historischen Einflusses aus, erklärt aber auch, weshalb der Nationalismus so häufig auf eine politische Ideologie reduziert wird - und warum wir dazu neigen, ihm immer dann, wenn er gerade einmal etwas weniger auffällig in Erscheinung tritt, gleich sein Ende vorherzusagen. Um mit dieser Gewohnheit zu brechen, müssen wir uns auch mit den weniger auffälligen Reproduktionsmodi des Nationalismus auseinandersetzen.

Banale Reproduktion (I): Institutionalisierter Nationalismus

Wie gelingt es dem Nationalismus, *natürlich und selbstverständlich zu erscheinen?* Identitäts- und Konfliktnationalismus allein können das nicht leisten: Sie sind dafür schlicht zu auffällig, zu laut, zu affektbereit. Um auch die unauffälligeren Mechanismen ins Auge fassen zu können, ist zunächst die Einsicht wichtig, dass auch der Anschein der Natürlichkeit – soziologisch betrachtet – alles andere als natürlich ist, sondern aufwendig reproduziert werden muss. Ebendies leisten die unauffälligeren Reproduktionsmechanismen.

Ich unterscheide zwei Mechanismen dieser Art: institutionalisierter Nationalismus und Knappheitsnationalismus. Der Begriff des institutionalisierten Nationalismus fasst Einsichten einer Richtung der Nationalismusforschung zusammen, die sich dafür interessiert, wie nationale Kollektividentitäten durch alltägliche Referenzen – insbesondere in den Massenmedien – präsent gehalten und auf Dauer gestellt werden. Der Grundgedanke dieser Beschreibung war bereits in Benedict Andersons eingangs zitiertem Verständnis von Nationen als Gemeinschaften von Zeitungslesern angelegt: Wer dieselben Medien liest, hört und sieht, kann sich mit anderen Nutzern dieser Medien selbstverständlich als Teil einer Nation definieren, auch wenn er nur den wenigsten jemals persönlich begegnen wird, und auch unabhängig davon, ob die im Mediendiskurs beschworenen geteilten Merkmale und Interessen aller Mitglieder der Nation tatsächlich vorhanden sind. Die Behandlung des Nationalismus als eine ideologische Weltanschauung unter vielen kann das Alltäglich-Selbstverständliche dieser Vorstellung nicht erfassen. Benedict

Anderson folgerte daraus, die Auseinandersetzung mit dem Nationalismus würde leichter, »wenn man ihn begrifflich nicht wie »Liberalismus« oder »Faschismus« behandelte, sondern wie ›Verwandtschaft‹ oder ›Religion‹«.[32]

In diesen Zusammenhang passt auch die von Michael Billig vorgeschlagene Unterscheidung zwischen »heißem Nationalismus« (hot nationalism) und »banalem Nationalismus« (banal nationalism), die betont, dass sich Nationalismus nicht nur auffällig-ideologisch, sondern auch alltäglich-banal reproduzieren kann.[33] Der Begriff des institutionalisierten Nationalismus systematisiert diese Idee, indem er eine Reproduktionsweise des Nationalismus bezeichnet, deren leitende Prinzipien Alltäglichkeit und Selbstverständlichkeit sind. Institutionalisierter Nationalismus operiert auf vielfältige Weise: durch die kontinuierliche Verwendung von Worten wie »wir« und »sie« in der Medienberichterstattung; durch die Auswahl von »national relevanten« Nachrichten oder Forschungsthemen; durch selbstverständliche Orientierung an nationalen Rechtsvorschriften; durch die Ansprache nationaler Öffentlichkeiten und Verweise auf eine nationale »öffentliche Meinung«; durch internationale Organisationen, die als Mitglieder primär oder ausschließlich Nationalstaaten aufnehmen; aber auch durch die verbreitete Praxis, mit »Gesellschaft« die Bevölkerung bzw. Staatsbürger eines Nationalstaats zu meinen.[34]

Banale Reproduktion (II): Knappheitsnationalismus

Vom institutionalisierten Nationalismus möchte ich einen weiteren unauffälligen Mechanismus unterscheiden, den ich Knappheitsnationalismus nenne.[35] Er ist in der Nationalismusforschung bisher kaum als eigenständiges Reproduktionsprinzip beachtet worden, ist aber von großer aktueller Bedeutung und soll darum hier etwas ausführlicher gewürdigt werden.[36] Unter Knappheitsnationalismus verstehe ich eine Form nationalistischen Denkens und Argumentierens, die sich die Welt als einen Ort vorstellt, der aus knappen Gütern besteht, so dass jede Nation ihren Anteil an diesen Gütern nur auf Kosten anderer Nationen vereinnahmen kann. Wer sich die Welt als einen solchen Ort vorstellt – und es gibt durchaus naheliegende Gründe dies zu tun –, der wird dazu neigen, Situationen, in denen andere Kooperationschancen und Potential für gemeinsames Wachstum sehen, als Nullsummen- und Konkurrenzkonstellationen wahrzunehmen. Knappheitsannahmen liegen auch häufig der Definition »nationaler Interessen« zugrunde, die mit den angenommenen nationalen Interessen anderer kollidieren. Zwischen Konflikt- und Knappheitsnationalismus gibt es daher eine gewisse Affinität, die aber nicht überschätzt werden sollte. Denn Knappheitsnationalismus kann auch außerhalb offener Konflikte – durch implizite, unauffällige Einführung von Knappheitsannahmen – funktionieren und wirksam werden.

Aber wie genau entstehen und funktionieren eigentlich Knappheitsannahmen? Knappheit meint zunächst mehr und anderes als Endlichkeit von Gütern. Kein Gut ist »an sich« knapp; es erscheint nur so, wenn Endlichkeit bzw. Begrenztheit sozial relevant gemacht wird.[37] Soziologisch lässt sich Knappheit als soziales Konstrukt bestimmen, das zustande kommt, wenn ein angenommener Umfang von Zugriffsinteressen zu einem angenommenen Umfang von Gütern ins Verhältnis gesetzt wird.[38] Führt der Vergleich zu dem Ergebnis, dass die Zugriffsinteressen die Güter überschreiten, wird auf das Vorliegen von Knappheit geschlossen; führt er dagegen zu dem Ergebnis, dass die Güter die Zugriffsinteressen überschreiten, wird Überfluss bzw. Überschuss angenommen. Knappheitsannahmen sind folglich voraussetzungsvoll und können stets in unterschiedlichen Hinsichten angezweifelt werden: Man kann bestreiten, dass das Gut im behaupteten Maße begrenzt ist (z. B. indem man entdeckt bzw. behauptet, dass eine endliche Ressource gar nicht so selten sei wie behauptet); man kann bestreiten, dass die Zugriffsinteressen im behaupteten Umfang existieren (z. B. indem man sagt, dass die Zahl der Interessenten oder die Intensität des Interesses geringer sei als behauptet); und man kann bestreiten, dass die Zugriffsinteressen die vorhandenen Güter tatsächlich übersteigen (z. B. indem man sagt, dass die Zahl der Güter bald wieder wachsen bzw. das Interesse an den Gütern zurückgehen wird), so dass letztlich genug für alle da sei.

Um solchen Zweifeln vorzubeugen, werden Knappheitsannahmen in nationalistischen Argumentationen selten explizit begründet, sondern meist implizit eingeführt und als evident unterstellt. Die grundlegende Knappheitsevidenz, auf die sich der Knappheitsnationalismus stützen kann, ist die Begrenztheit des Erdterritoriums: Da die Erdoberfläche nicht weiter vergrößert werden kann, liefert sie eine scheinbar unausweichliche Knappheitsbedingung für die politisch-territoriale Aufteilung der Welt. Wer sein Territorium vergrößern will, kann dies in einer Welt, die vollständig aus Nationalstaaten besteht, nur auf Kosten anderer Nationalstaaten tun. Darüber muss man nicht reden, das kann vorausgesetzt und unterstellt werden. Die Erweiterung des nationalen Territoriums ist zwar nur noch selten das primäre Ziel von Nationalisten. Das beschränkt ihre Argumentationsspielräume aber kaum, weil das Erdterritorium nur der Ausgangspunkt vieler weiterer Bezugspunkte möglicher Knappheitsannahmen ist: Natürliche Ressourcen, Menschen, Geld, Kulturgüter, Absatzchancen auf globalen Märkten, auch Aufmerksamkeit, Legitimität und Prestige: Fast alles kann als knappes Gut behandelt werden, sofern es als knapp aufgefasst und definiert wird.

Der zentrale Operationsmodus des Knappheitsnationalismus ist also Unterstellung: Man spricht über Güter aller Art und unterstellt, dass sie knapp sind. Ein ergänzender Modus ist zeitliche Dynamisierung. Die prinzipielle Offenheit der Zukunft eröffnet Spekulationsspielräume, die sich nutzen lassen, um Knappheitsvorstellungen in Knappheitsprojektionen zu verwandeln. Mit Knappheitsprojektionen ausgerüstet, kann man beispielsweise argumentieren: Arbeitsplätze sind knapp. Je mehr Immigranten ins Land kommen, desto knapper wird die Zahl der Arbeitsplätze werden, desto intensiver wird die Konkurrenz am Arbeitsmarkt sein, und desto niedriger werden letztlich die Löhne für alle sein. Oder: Geld ist knapp. Je mehr Geld nach Griechenland fließt, desto knapper wird es in Deutschland sein.

Man kann diese Argumente immer auch umkehren und in Begriffen des Überflusses oder Wachstums argumentieren, die sich ebenfalls in die Zukunft projizieren lassen. Auf die obige Argumentationskette kann man beispielsweise entgegnen: Arbeitsplätze sind durch Wachstum vermehrbar. Je mehr Immigranten, desto mehr junge Arbeitskräfte, desto größer das Wachstum und desto höher letztlich der Lohn für alle. Oder: Je mehr Geld griechischen Konsumenten zur

Verfügung steht, desto größer werden die Absatzchancen für deutsche Unternehmen und desto mehr Arbeitsplätze wird es letztlich in Deutschland geben. Dem Weltbild des Knappheitsnationalismus, das sich auf Knappheitsannahmen stützt, lässt sich also ein Weltbild entgegensetzen, das mit Wachstums- und Überflussannahmen operiert - und es ist dieses Weltbild, zu dem der ökonomische und politische Liberalismus neigt. Der Knappheitsnationalismus aber macht auf die Möglichkeit aufmerksam, dass es auch *unausweichliche Knappheiten* geben könnte, die sich durch Wachstum und Kooperation, Optimismus und Freundlichkeit allein nicht aus der Welt schaffen lassen. Seine Argumente sind zwar, wie eben gezeigt, durchaus voraussetzungsvoll und fragwürdig, sollten aber ernst genommen werden, weil sie einen beträchtlichen und vielleicht sogar zunehmenden Anteil der Legitimationskraft des Nationalismus ausmachen. Der Knappheitsnationalismus scheint mir daher gegenwärtig die eigentliche Herausforderung zu sein, die der Nationalismus dem liberalen Denken stellt.

Identitätsnationalismus, Konfliktnationalismus, institutionalisierter Nationalismus, Knappheitsnationalismus: Wie haben sich diese Reproduktionsformen des Nationalismus historisch entwickelt? Wie verhalten sie sich zueinander? Inwiefern sind sie relevant für das Verständnis des »neuen Nationalismus«? Diese Fragen verdienen eine ausführliche Untersuchung und können hier noch nicht in jedem Detail beantwortet werden. Der folgende Abschnitt soll aber andeutungsweise zeigen, dass sich mithilfe dieser Typologie auch die Geschichte der Globalisierung des Nationalismus auf neue, fruchtbare Weise analysieren lässt.

Globalisierter Nationalismus: Zur historischen Ausdifferenzierung des modernen Nationalismus

Die Anfänge des modernen Nationalismus liegen im späten 18. bis frühen 19. Jahrhundert. Wo genau, darüber gehen die gelehrten Meinungen zwar auseinander: Manche sehen sie im revolutionären Frankreich des späten 18. Jahrhunderts, andere im antikolonialen Nationalismus Südamerikas des frühen 19. Jahrhunderts. Unabhängig von solchen Datierungsfragen kann man sagen, dass die Grundformen des Nationalismus im mittleren 19. Jahrhundert mehr oder weniger fertig vorlagen. Benedict Anderson und andere Historiker haben – in wechselnder Terminologie – zwei Grundformen unterschieden: ein Modell des Nationalismus, das primär von Staatsseite aus bzw. innerhalb eines bestehenden Staatsgebildes konzipiert wird, und ein Modell des Nationalismus, das primär von nationalen Kollektividentitäten aus gedacht ist und daher historisch vor allem dort wichtig wurde, wo es darum ging, neue Staaten zu gründen und gegen bestehende Staaten durchzusetzen. Der deutsche Nationalismus, der nicht von einem bereits bestehenden Staatsgebilde ausgehen konnte, ist ein Beispiel für diesen zweiten, kulturell-ethnischen Typus (oder, wie manche argumentieren, für einen dritten Typus, den Vereinigungsnationalismus), der französische und spanische ein Beispiel für den ersten Typus. Als diese Modelle erfunden und bekannt waren, stand der weltweiten Verbreitung des Nationalismus als Modell zur Legitimierung von Staatlichkeit grundsätzlich nichts mehr im Wege.[39] Zugleich änderten sich jedoch im mittleren bis späten 19. Jahrhundert die Bedingungen, unter denen sich der Nationalismus entwickeln konnte bzw. musste. Dieser Wandel, den man grob mit dem Titel »Globalisierung« versehen kann, hatte historische Voraussetzungen, die bis heute fortwirken und die es sich daher ein wenig genauer zu betrachten lohnt, bevor wir zur Geschichte des Nationalismus zurückkehren.

Infrastrukturen der Globalisierung

An erster Stelle fällt ein Wandel seit Mitte des 19. Jahrhunderts auf, den man unter dem Titel »Infrastrukturen der Globalisierung« zusammenfassen kann.[40] In *technologischer* Hinsicht bezieht sich dies vor allem auf die Erfindung und weltweite Verbreitung von Telekommunikationstechnologien, insbesondere die Telegrafie (seit den 1840er Jahren), die drahtlose Telegrafie und das Telefon (seit den 1880er Jahren), die dafür sorgten, dass Nachrichten und Informationen zum ersten Mal in der Geschichte wesentlich schneller verbreitet werden konnten als Personen und Güter.[41] Da diese

Entkopplung von Verkehrs- und Kommunikationstempo von späteren Kommunikationsmedien nur noch verstärkt, nicht mehr grundlegend verändert werden konnte, ist die Telegrafie mit einer gewissen Plausibilität auch als »Viktorianisches Internet« bezeichnet worden.[42] Die Beschleunigung des Informationsverkehrs bildete zugleich die Grundlage eines Wandels auch der *symbolischen* Infrastruktur – im Sinne grundlegender Begriffe von Raum und Zeit –, der ebenfalls bis heute fortwirkt. Dazu gehörte insbesondere die Einführung einer gemeinsamen Weltzeit (mit der Greenwich Mean Time/GMT als Ausgangspunkt) und die Aufteilung der Welt in Zeitzonen, die in den 1850er Jahren zunächst im nationalen Rahmen (in GB und USA) begann und sich bis in die Mitte des 20. Jahrhunderts hinzog.[43] Eine Infrastruktur für globale Kommunikation war dies insofern, als es diese neuen Kategorien zur Beschreibung von Raum und Zeit ermöglichten, den Zeitpunkt eines beliebigen Ereignisses überall auf der Welt durch Übersetzung in andere Zeitzonen genau zu bestimmen und dadurch Ereignisse überall auf der Welt auch zeitlich aufeinander zu beziehen und miteinander zu vergleichen. Technologischer und symbolischer Wandel gingen schließlich auch mit einem Wandel der *soziokulturellen* Infrastruktur einher, oder, wie es in der globalhistorischen Literatur heißt, mit der Entstehung eines *globalen Mediensystems*, das sich auf weltweit operierende Nachrichtenagenturen stützte.[44] In diesem Rahmen setzten sich das noch heute übliche Verständnis von »news« (Nachrichten) und ein professioneller Journalismus durch, der das gesamte Weltgeschehen kontinuierlich verfolgt und – in der Regel an ein nationales Publikum gerichtet – berichtet und kommentiert.

Ausdifferenzierung globaler Strukturen

Vor dem Hintergrund dieses infrastrukturellen Wandels versteht man auch weitere Globalisierungsdynamiken besser, die die Karriere der Reproduktionsmechanismen des Nationalismus seit dem mittleren bis späten 19. Jahrhundert beeinflusst haben. Erstens bildeten und verbreiteten sich zahlreiche neue Varianten eines bestimmten Organisationstyps, der seitdem eine steile Karriere durchlaufen hat: internationale Organisationen.[45] Einzelnen Gründungen in den 1830er bis 1870er Jahren – als Vorreiter werden häufig das Internationale Rote Kreuz (1864) sowie die Internationale Telegrafen-Union (1865) genannt – folgte eine Gründungswelle internationaler Regierungs- und Nichtregierungsorganisationen, die bis heute anhält.[46] Soziologisch betrachtet, liegt die Bedeutung internationaler Organisationen nicht nur in ihren offiziellen Funktionen, zwischenstaatliche Beziehungen zu regeln oder ein internationales Normensystem durchzusetzen. Mindestens genauso wichtig ist, dass mit ihnen ein neuer Typ von Akteur auftrat, der sich als *externer Beobachter* neben bzw. über dem entstehenden Nationalstaatensystem platziert und durch öffentliche Vergleiche und Bewertungen versucht, dieses System von außen zu formen und zu beeinflussen. Das tun internationale Organisationen insbesondere, indem sie Modelle für rationales Handeln formulieren und an alle Staaten herantragen: alle Staaten sollen sich an Kriegsrecht halten, friedlich am internationalen Handel beteiligen, zur Standardisierung der Kommunikation oder Beschleunigung des Verkehrs beitragen, funktionierende Bildungs- und Versicherungssysteme einrichten, für beständiges wirtschaftliches Wachstum sorgen, die Bürger- und Menschenrechte schützen etc. Der Aufstieg internationaler Organisationen fügt sich insofern in eine größere historische Entwicklung, nämlich das vermehrte Auftreten von Journalisten, Ökonomen, Sozialwissenschaftlern und anderen Beobachtern, die alle Staaten (sowie andere Akteure) mit *universalen* Leistungs- und Entwicklungserwartungen konfrontieren, die für alle Staaten gleichermaßen gelten sollen.[47]

Der Ausbau von Infrastrukturen globaler Kommunikation seit Mitte des 19. Jahrhunderts hatte noch einen weiteren grundlegenden Globalisierungseffekt, der sich bis heute bemerkbar macht: Einzelne Felder bzw. gesellschaftliche Funktionssysteme - wie Wissenschaft, Wirtschaft, Religion, Kunst oder Sport - konnten sich auf dieser Grundlage globalisieren und zugleich in zahlreiche Subsysteme ausdifferenzieren. So entstanden wissenschaftliche Disziplinen, Märkte, Weltreligionen, Kunstgenres oder Sportarten, die mehr oder weniger einheitliche globale Kommunikationszusammenhänge bilden, insofern sie ähnliche Themen behandeln oder Theorien verwenden (Wissenschaft), Preise mit Blick auf bestimmte Produkte vergleichen (Märkte), ähnliche Kriterien für gelungene Kunstwerke etablieren (Kunst) oder einheitlichen Wettkampfregeln und Leistungskriterien folgen (Sport). Diese globalen Felder bzw. Funktionssysteme folgen zwar - wie häufig betont wird - nicht primär der Logik nationaler Differenzierung, aber sie binden - was seltener bemerkt wird - nationale Identitäten und Differenzen auf je unterschiedliche Weise in ihre Operationsweise ein, insbesondere indem sie zu bestimmen erlauben, aus welchem Land die besten Wissenschaftler oder Universitäten, Sportler oder Künstler kommen.

Aus dieser Skizze lässt sich bereits schließen, dass Nationalismus und Globalisierung keinen einfachen Gegensatz bilden: Der Ausbau der Infrastrukturen für globale Kommunikation erlaubte es auch Nationalisten überall auf der Welt, einander intensiver gegenseitig zu beobachten und zu imitieren (Identitätsnationalismus), intensiver miteinander zu streiten und voneinander abzugrenzen (Konfliktnationalismus), die Welt tagtäglich durch die Brille nationaler Medien zu beobachten (institutionalisierter Nationalismus) und sie zugleich als einen Ort zu beobachten, der vor allem aus endlichen und begehrten – und darum umkämpften – Gütern besteht (Knappheitsnationalismus). Und auch die Ausdifferenzierung globaler Strukturen seit dem mittleren 19. Jahrhundert steht in keinem einfachen Gegensatz zur Reproduktion des Nationalismus: Internationale Organisationen, Statistiker, Sozialwissenschaftler, Sportjournalisten, Kunstkritiker und ähnliche Akteure legen universal-globale Beobachtungskriterien an, benutzen diese aber auch, um die Leistungsfähigkeit und das Prestige jeder einzelnen Nation im *Vergleich* mit allen anderen Nationen zu bestimmen. Zur Reproduktion des Nationalismus trägt dies insbesondere dadurch bei, dass die Ergebnisse dieser Vergleiche in nationalen Diskursen rezipiert sowie zur (Neu-)Bestimmung von nationalen Kollektividentitäten verwendet werden können. Das Verständnis dieses Steigerungszusammenhangs zwischen globalen Strukturen und Reproduktion des Nationalismus ist daher ein wichtiger Schlüssel zum Verständnis der Geschichte des Nationalismus seit dem mittleren 19. Jahrhundert. Das soll nun schrittweise an den oben unterschiedenen Reproduktionsmodi deutlich werden.

Globale Reproduktion des Nationalismus (I): Identitätsnationalismus

Identitätsnationalismus ist auf die Konstruktion von Kollektividentitäten ausgerichtet: Identitätsnationalisten behaupten zu wissen, was es heißt, ein Deutscher, Argentinier oder Kongolese zu sein, und entwickeln ein Repertoire an historischen Narrativen und Symbolen, um die jeweilige Nation von allen anderen zu unterscheiden. Wie historische Abhandlungen zum modernen Nationalismus, angefangen mit Hans Kohns *Idee des Nationalismus* (1944),[48] betont haben, stehen nationalistischen Ideologien von Anfang an zwei unterschiedliche Optionen zur Verfügung, Kollektividentitäten zu konstruieren: Als ein primär politisches Projekt, das Zugehörigkeit vor allem von staatlicher Stabilität und Prosperität her denkt, oder als ein primär ethnischkulturelles Projekt, das vor allem historisch denkt und für das Kultur, Religion oder sogar Blut und Rasse zentrale Kategorien sind.

Diese Unterscheidung erfasst zwei historisch wichtige und bis heute relevante Möglichkeiten, nationale Identitäten zu denken, ist aber auch nicht unproblematisch, da sie Gemeinsamkeiten zwischen beiden Formen tendenziell unterschätzt. Denn jeder Nationalismus, unabhängig davon, ob er primär »zivil« oder »ethnisch« gedacht ist, handelt sich das Problem ein, die Kriterien der Zugehörigkeit und Nichtzugehörigkeit zur Nation auf plausible Weise bestimmen zu müssen: Wodurch genau unterscheidet sich die eigene Nation eigentlich von allen anderen Nationen? Wer gehört dazu, wer nicht? Auch der zivilste und liberalste Nationalismus ist in erster Linie *exklusiv:* schließt nur wenige ein und schließt die meisten aus. Darin, Kriterien für Inklusion und Exklusion benennen zu müssen, sind sich daher letztlich alle Nationalismen gleich.[49] Entsprechend begrenzt ist – wie bereits oben erwähnt – das symbolisch-narrative Repertoire des Identitätsnationalismus.

Diese Tendenz zur Einheitlichkeit hat aber auch mit der Verwicklung des Identitätsnationalismus mit den oben skizzierten Globalisierungsprozessen zu tun. Denn diese haben auch zur Produktion *globaler Idealbilder des Nationalismus* beigetragen, die aus der Perspektive *dritter* Beobachter entwickelt, von außen an alle Nationen herangetragen sowie in nationalen Diskursen aufgegriffen und in nationale Identitätskonstruktionen aufgenommen werden können. Zwei Varianten sind von besonderem Interesse:

Die erste Variante kann man *Leistungsnationalismus* nennen. Sie macht sich die durch globale Vergleiche geschaffene Möglichkeit zunutze, Nationalprestige nicht primär auf historische Traditionen und kulturelle Bestände zu gründen, sondern auf kollektive Leistungen, die im Vergleich mit anderen Nationen ermittelt und immer wieder neu erbracht werden müssen. Dazu gehört etwa das Prestige, Teil einer ständig wachsenden »Volkswirtschaft« zu sein; das Prestige, von einem weit entwickelten politischen Regime regiert zu werden, das die Menschenrechte effektiv schützt und über funktionierende Bildungs- oder Sozialversicherungssysteme verfügt; oder das Prestige, einer Nation mit besonders exzellenten Wissenschaftlern, innovativen Künstlern oder leistungsfähigen Sportlern anzugehören.

Schon Max Weber sah vor etwa hundert Jahren Nationen als Kollektive, die primär auf »Prestige-Empfinden«

aufruhten, das sich in zwei Formen ausprägen könne: als Machtprestige und als Kulturprestige. Die Möglichkeit, alle Nationen der Welt unter Reputations- und Prestigegesichtspunkten zu vergleichen, hat seit Webers Zeit jedoch enorm an Bedeutung gewonnen und sich in zahlreiche Varianten ausdifferenziert. Insbesondere ist es durch die oben skizzierten Globalisierungsprozesse möglich und üblich geworden, sich an ein globales Publikum von Mediennutzern zu richten und sich dieses Publikum als Quelle nationaler Reputationszuschreibungen vorzustellen. Internationale Organisationen, Journalisten und Publizisten, Sozialwissenschaftler und viele andere dritte Beobachter machten sich seit Ende des 19. Jahrhunderts für die Adressierung dieses Publikums zuständig, unterstützt von einer wachsenden Zahl von Weltereignissen (wie Weltausstellungen) und globaler Wettbewerbe, von der Verleihung von Nobelpreisen bis zur Organisation von Sportwettkämpfen (Olympische Spiele, Weltmeisterschaften). Diese Leistungs-Prestigekonkurrenzen sind heute so präsent wie nie zuvor, und entsprechend einflussreich ist der Leistungsnationalismus geworden.[50]

Damit eng verbunden ist eine Variante des Identitätsnationalismus, die ich *freundlichen Nationalismus* nenne. Sie beruht auf einem liberalen Verständnis von Nationen und Nationalstaaten, das die Bereitschaft zur Kooperation mit anderen Nationen und Nationalstaaten als zentrales Kriterium für Legitimität und Prestige im internationalen System auffasst – im Unterschied zu einem Verständnis, das auf schiere Größe, militärische Stärke und politisches Durchsetzungsvermögen abstellt. Die Weltgesellschaftsforschung nach

John W. Meyer hat u. a. gezeigt, dass die Welt internationaler Organisationen und anderer globaler Beobachter eine deutliche Präferenz für einen bestimmten Typus des Nationalstaats hat, der militärisch nicht-expansiv ist, sich am friedlichen Handel beteiligt und an internationaler Kooperation interessiert ist. Kurz: Die Weltkultur schätzt »freundliche« Nationalstaaten und einen entsprechend freundlichen, nicht expansiven Nationalismus.[51] Wie sehr sich diese Präferenz verbreitet hat, kann man auch daran erkennen, dass wir solche freundlichen Varianten des Nationalismus heute nur noch selten Nationalismus nennen, sondern allenfalls Patriotismus; im Alltagssprachgebrauch spiegelt sich insofern ein global konstruiertes Idealbild des modernen Nationalstaats. Setzt man beide, Leistungsnationalismus und freundlichen Nationalismus, zusammen, ergibt sich das Ideal eines freundlichen Leistungsnationalismus, der ehrgeizig, aber auch stets kooperationsbereit ist. Dieses Ideal dient heute zugleich allen Nationalisten als Blaupause für die Entwicklung ihrer Identifikationsangebote.

Globale Reproduktion des Nationalismus (II): Konfliktnationalismus

Leistungsorientierung und Kooperationsbereitschaft sind nicht die einzigen Orientierungsmöglichkeiten, die sich dem Nationalismus in diesem globalen Umfeld heute bieten. Auch dem Konfliktnationalismus sind durch die Einbettung in Globalisierungsprozesse neue Spielräume erwachsen. Aus globalhistorischer Literatur lässt sich beispielsweise lernen, dass nationale Kollektividentitäten seit Mitte/Ende des 19. Jahrhunderts als Legitimationsfiguren sowohl auf der Seite kolonial-imperialer Expansion als auch auf Seite antikolonialer Gegenwehr mit Erfolg eingesetzt wurden. Die oben beschriebene Infrastruktur globaler Kommunikation ermöglichte es Nationalisten auf beiden Seiten, sich gegenseitig in dichtem zeitlichem Takt zu beobachten und das gesamte Weltgeschehen im Licht des antikolonialen Konflikts zu bewerten. So konnte sich auf der einen Seite beispielsweise der britische Nationalismus auch als Legitimationsprinzip einer imperialen »Zivilisierungsmission« verstehen, der es (angeblich) darum ging, auch die außereuropäische Welt an den Errungenschaften der europäisch-britischen Zivilisation teilhaben zu lassen. Andererseits konnte sich der indische Nationalismus auch als Mittel zum Widerstand gegen die britische Expansion positionieren und den angeblichen Zivilisationsimport als heuchlerische Verkleidung von Machtpolitik attackieren. Das wiederum konnte umso mehr überzeugen, weil es in einem Umfeld geschah, in dem immer wieder westlich-koloniale Mächte auf außereuropäisch-antikolonialen Widerstand trafen, so dass man den eigenen Kampf auch als Teil einer größeren Konfliktlage deuten konnte.[52] Man versteht beide Formen daher nur, wenn man berücksichtigt, dass sie aufeinander reagierten und sich dadurch gegenseitig stabilisierten. Entsprechend nennt Jürgen Osterhammel den imperialen Nationalismus treffend *Expansionsnationalismus*, den anti-imperialen Nationalismus *Abwehrnationalismus*.[53] Nach der hier vorgeschlagenen Terminologie handelt es sich um zwei Varianten des Konfliktnationalismus, die vor allem in der Hochphase des Kolonialismus im späten 19. bis mittleren 20. Jahrhundert wichtig waren, den (post-)kolonialen Diskurs aber auch heute noch beeinflussen und einen Rahmen für politische Konflikte zwischen ehemaligen Kolonialstaaten und ehemaligen Kolonien bilden.

Zu den historischen Konsequenzen des antikolonialen Nationalismus gehört, dass sich nach 1945 das »Selbstbestimmungsrecht der Nationen« durchsetzte und in der UN-Charta sowie in anderen völkerrechtlichen Pakten kodifiziert wurde. Damit wurde zugleich eine eigenständige Variante des Konfliktnationalismus rechtlich auf Dauer gestellt, die man *Sezessionsnationalismus* nennen kann und die uns heute etwa in den Unabhängigkeitsbewegungen Kataloniens oder Schottlands begegnet. In einer Welt, die bereits mehr oder weniger vollständig in Nationalstaaten aufgeteilt ist, kann ein kulturell-ethnisch begründeter Nationalismus das Ziel der Begründung eines neuen Staates nur noch durch Abspaltung (Sezession) von einem bereits bestehenden Staat erreichen. In der Begründung solcher Sezessionsprojekte, deren potenzielle Zahl im Prinzip nahezu unbegrenzt bzw. nur durch das Vorstellungsvermögen von Identitätsnationalisten begrenzt ist, findet der Konfliktnationalismus heute wohl sein auffälligstes Betätigungsfeld.[54] Darüber hinaus ist aber die Möglichkeit, aus Konflikten Legitimation für nationale Identifikation und die Wahrnehmung nationaler Interessen zu gewinnen, weiterhin eine stets verfügbare politische Option, auch wenn bestimmte Konfliktformen – wie Angriffs- und Expansionskriege – heute als völkerrechtswidrig gelten und daher mit heftigem internationalem Widerstand rechnen müssen.

Globale Reproduktion des Nationalismus (III): Institutionalisierter Nationalismus

Institutionalisierter Nationalismus beruht auf den Prinzipien der Alltäglichkeit und Selbstverständlichkeit. Sein Erfolgsgeheimnis ist die Fähigkeit, sich selbst unsichtbar zu machen. Aus Benedict Andersons Verständnis von Nationen als Gemeinschaften von Zeitungslesern, das ich eingangs zitiert hatte, lässt sich die Vermutung ableiten, dass diese »Veralltäglichung« bereits der frühen Entstehungsgeschichte des Nationalismus eingeschrieben war. Die Präsenz national definierter Themen und Ereignisse (z. B. Diskussion über die Einführung einer Verfassung, Wahlen, politische Reden, Skandale) in der Presseberichterstattung gewöhnt nationale Zeitungspublika daran, die Welt durch den Filter nationaler Relevanzen wahrzunehmen und die Existenz einer Nation als selbstverständlich vorauszusetzen.

Auch der institutionalisierte Nationalismus hat sich seit dem 19. Jahrhundert in mehrere Varianten ausdifferenziert. Die erste Variante nenne ich *perspektivischen Nationalismus*. Der Ausdruck soll betonen, dass die Institutionalisierung nationaler Berichterstattung nicht mit einer Konzentration auf nationale Themen und Ereignisse gleichzusetzen ist. Je mehr Informationen über die Welt zur Verfügung stehen, und die Zahl dieser Informationen vermehrt sich enorm durch das globale Mediensystem seit dem späten 19. Jahrhundert, desto deutlicher formiert sich nationale Berichterstattung zugleich als *Berichterstattung über die Welt aus der Perspektive der Nation*. »Aberdeen man lost at sea« – so lautete eine Schlagzeile einer schottischen Zeitung zum Untergang der Titanic

1912.[55] In der nationalen Beobachtung der Welt bildet sich zugleich ein standardisiertes politisches Vokabular heraus, das überall auf der Welt »politische Führer«, »Präsidenten«, »nationalistische Agitatoren« usw. sehen und bezeichnen kann.[56] Die Welt erscheint damit gefiltert durch die parteiische Brille der Nation, jedoch in einer weithin vereinheitlichten Sprache der Berichterstattung, die ein Interesse am ständigen Vergleichen mit allen anderen Nationen anzeigt. Auf diese Weise richten sich alle Nationen in einer gemeinsamen Welt ein, die sie in einer einheitlichen Sprache beschreiben, aber aus nationaler Perspektive erleben. Wer heute die *Le Monde,* die *Frankfurter Allgemeine Zeitung* oder irgendeine andere nationale Zeitung aufschlägt, nimmt an dieser Logik ganz selbstverständlich teil.

Neben diesem perspektivischen Nationalismus gibt es weitere Varianten des institutionalisierten Nationalismus, die mit dem Aufstieg internationaler Organisationen und der Ausdifferenzierung globaler Felder bzw. Systeme seit dem mittleren 19. Jahrhundert zusammenhängen. Zwei Varianten möchte ich unterscheiden: Erstens die *globale Institutionalisierung des Nationalstaats,* wie sie sich unter dem Einfluss internationaler Organisationen im 20. Jahrhundert, insbesondere in Völkerbund und Vereinten Nationen, vollzogen hat. Internationale Regierungsorganisationen bilden, wie ihr Name schon sagt, das Prinzip der Aufteilung der Welt in Nationalstaaten in sich ab und stellen es dadurch auf Dauer, und je mehr internationale Organisationen es gibt, desto selbstverständlicher kann die Aufteilung der Welt in Nationalstaaten erscheinen. Diese Logik trifft übrigens auch auf supranationale Organisationen wie die EU zu: Sosehr sie auch versuchen, nationale Eigensinnigkeiten und Egoismen zu überwinden, bilden sie doch zugleich das Prinzip nationaler Differenzierung in den eigenen Strukturen ab und verstetigen es dadurch. Hinzu kommt, dass internationale Organisationen und andere dritte Beobachter Nationalstaaten als verantwortliche »rationale« Akteure adressieren, die dafür sorgen sollen, dass globale Normen eingehalten bzw. globale Vorstellungen von ökonomischem Wachstum, Schutz der Menschenrechte, Ausbau von Bildungs- und Sozialversicherungssystemen etc. eingehalten werden. Auch diese globale Verantwortungsschreibung trägt zur Institutionalisierung des Prinzips der Aufteilung der Welt in Nationen bei.[57]

Eine zweite von globalen Strukturen geschaffene Variante des institutionalisierten Nationalismus kann man *feld* bzw. *systemspezifische Institutionalisierung nationaler Differenzen* nennen. Sie stützt sich auf die Verwendung nationaler Symbolik außerhalb der im engeren Sinne politischen Sphäre, durch die nationale Differenzen auch in die Globalisierungsdynamiken nicht politischer Felder eingebaut worden sind. Im Sport beispielsweise werden die Regeln von internationalen Organisationen überwacht und sind weitgehend global standardisiert; genau dies erlaubt aber dann auch die Identifikation mit Nationalmannschaften und anderen nationalen Repräsentanten im Vergleich mit den Vertretern anderer Nationen. Ähnlich funktioniert in anderen Feldern das nationale Branding von Produkten (Wirtschaft) oder die Identifikation mit Gewinnern von Kunst- oder Nobelpreisen (Kunst bzw. Wissenschaft).[58] Auch der »methodologische Nationalismus« in der Wissenschaft, also die Gewohnheit, ganz selbstverständlich Themen von nationalem Belang zu behandeln oder nationale Datenquellen zu nutzen – fügt sich in diese Logik ein.[59] In allen diesen Fällen wird das Nationale in globale Kommunikationszusammenhänge eingebunden und gerade dadurch in eine alltägliche Selbstverständlichkeit transformiert.

Institutionalisierter Nationalismus ist auch deshalb von Interesse, weil er zwar unauffällig operiert, aber das Andocken auffälliger Formen vorbereiten und erleichtern kann. Ein historisches Beispiel dieser Art hat der amerikanische Soziologe Rogers Brubaker unter dem Titel »institutionalized nationhood« analysiert: Die Aufteilung in Teilrepubliken der früheren Sowjetunion folgte ethnisch-nationalen Unterscheidungen, die, solange die UdSSR existierte, nur eine untergeordnete Rolle spielten. Als sich die Sowjetunion Anfang der 1990er Jahre auflöste, konnten sich nationale Bewegungen jedoch dieser Unterscheidungen bedienen und die Gründung zahlreicher neuer Nationalstaaten in Gang setzen.[60] Das Beispiel zeigt: Das Potenzial, Anknüpfungspunkte für auffälligen Nationalismus zu bieten, ist letztlich in allen unauffälligen Varianten des Nationalismus angelegt, weil sie sich der derselben grundlegenden Unterscheidungen bedienen wie die auffälligen Varianten.

Globale Reproduktion des Nationalismus (IV): Knappheitsnationalismus

Knappheitsnationalismus hatte ich oben als eine Form nationalistischen Denkens definiert, die von der Grundannahme ausgeht, dass die Welt aus knappen Gütern besteht, so dass jede Nation ihren Anteil an diesen Gütern nur auf Kosten anderer Nationen vereinnahmen kann. Was den Knappheitsnationalismus historisch besonders interessant macht, ist, dass er sich in der Moderne und damit in einer Zeit verbreitet, in der sich zugleich – und welthistorisch wohl zum ersten Mal – die Vorstellung durchsetzt, dass sich Güter diverser Art durch »Produktivität« und »Fortschritt« beständig steigern lassen. Wir haben uns inzwischen längst an die Vorstellung gewöhnt, dass ständiges »Wachstum« möglich ist und sogar politisch erzwungen oder gesteuert werden kann. Diese Vorstellung ist in ein liberales Weltbild eingegangen, das die Welt als einen Ort denkt, auf dem die verfügbaren Güter beständig vermehrt werden können und der Kampf um sie folglich durch ihre Vermehrung – sowie durch den Willen zur Kooperation – entschärft werden kann.[61] Mit dem ökologischen Diskurs seit den 1960er Jahren hat zudem eine liberal-kosmopolitische Sichtweise an Prominenz gewonnen, die weniger auf Steigerung der Produktion denn auf Limitierung der Ansprüche und Bedürfnisse setzt. Beide Sichtweisen versuchen, das Problem der Knappheit auf je unterschiedliche Weise zu entschärfen: durch Wachstum im einen Fall, durch Limitierung der Ansprüche im anderen. Beiden erscheint Knappheit folglich nicht als unabänderliche Randbedingung des Lebens, sondern als veränderbare, beherrschbare Variable. Dieser Trend zur *Knappheitsrelativierung* scheint im 20. und 21. Jahrhundert und insbesondere nach 1945 zu einem zentralen Merkmal der modernen Weltkultur geworden zu sein, also jener global institutionalisierten Weltsicht, wie sie von internationalen Organisationen vertreten sowie auf UN-Konferenzen verkündet wird und die das Idealbild eines »freundlichen

Leistungsnationalismus« global institutionalisiert hat. Vor diesem Hintergrund liegt die Vermutung nahe, dass die Beharrungskraft des Nationalismus (und unsere Tendenz, diese Beharrungskraft zu unterschätzen) auch mit seiner Fähigkeit zu tun haben könnte, sich Knappheit vorstellen zu können und zu wollen in einer Welt, in der sich viele Knappheit nur noch bedingt vorstellen können oder wollen.

Die historischen Wurzeln des modernen Knappheitsnationalismus lassen sich bis ins frühneuzeitliche Staatensystem zurückverfolgen. Die Möglichkeit einer ständigen Vermehrung des Gesamtumfangs verfügbarer Güter durch systematische Verbesserung der Produktion war zwischen dem 16. und dem 18. Jahrhundert nur eingeschränkt vorstellbar.[62] Entsprechend einleuchtend konnte die Vorstellung erscheinen, dass Güter letztlich unausweichlich knapp sind und folglich jeder langfristige Zugewinn von Gütern nur auf Kosten anderer möglich ist. Vertreter des sog. Merkantilismus, der im Europa des 16. bis zum 18. Jahrhunderts dominierenden Wirtschaftstheorie, wandten diese Annahme explizit auf zwischenstaatliche Beziehungen an. Auch der Handel, dieser an sich friedliche, scheinbar für beide Seiten vorteilhafte Tausch, konnte unter diesen Vorzeichen als Teil eines andauernden Tauziehens beschrieben werden, in dem jeder eigene Vorteil einem Nachteil aufseiten des Tauschpartners entsprechen muss. Pointiert zusammengefasst ist diese Auffassung in einem Ausspruch Jean-Baptiste Colberts, des Finanzministers unter Louis IV., der konstatierte, dass Handel »nichts anderes ist als ein permanenter, in Friedens- wie in Kriegszeiten stattfindender Kampf darum, den größten Teil vom Kuchen abzubekommen«.[63]

Der Merkantilismus war für eine europäische Staatenwelt formuliert, in der Güter verteilt, nur bedingt vermehrt werden konnten, und für ein Staatensystem, in dem der Nationalismus noch keine dominante Rolle spielte. Diese Bedingungen begannen sich gegen Mitte des 18. Jahrhunderts zu ändern, als der moderne Nationalismus aufkam und, ausgehend von den französischen Physiokraten und schottischen Ökonomen, sich die klassische liberale politische Ökonomie formierte und verbreitete. Beide, Nationalismus und liberale Ökonomie, sind in der Geschichte des Knappheitsnationalismus eng miteinander verbunden.

Die klassischen Ökonomen waren es, die zuerst über gesellschaftliche Bedingungen der *Steigerung von Produktion und Wohlstand* nachzudenken begannen, wobei sie Knappheit auf der einen und Überfluss bzw. Überschuss auf der anderen Seite auf neuartige Weise zusammendachten: Der Modus der »freien Konkurrenz« (free competition) setzt die Marktanbieter unter Knappheitsdruck, damit der Wohlstand insgesamt steigen kann. Die Konkurrenten müssen unter einer spezifischen Form der Knappheit leiden, nämlich der Knappheit der Gunst der Konsumenten, die zwischen verschiedenen Anbietern wählen können, damit die Gesellschaft von der Preiseffizienz und Produktivität profitieren kann, die durch diese Konkurrenz ausgelöst wird bzw. werden soll.[64] Das gilt zunächst für Märkte innerhalb eines gegebenen Staatsgebiets, wo in derselben Währung bezahlt und Preise miteinander verglichen werden können, verband sich aber bei den klassischen Ökonomen, beginnend mit David Hume (*Of the Jealousy of Trade,* 1742) und Adam Smith (*The Wealth of Nations,* 1776), mit einer Präferenz für Freihandel als der zur Marktökonomie passenden Form der Handelspolitik.[65] Die klassische Begründung für den Freihandel lieferte dann die Theorie vom »komparativen Vorteil« (comparative advantage) von David Ricardo, die im Kern besagt, dass Freihandel auch dann für alle Seiten von Vorteil sei, wenn ein Staat über die Fähigkeit verfüge, sämtliche Produkte günstiger zu produzieren als seine Handelspartner. Denn auch dann lohne es sich für ihn, sich für den Export auf diejenigen Produkte zu konzentrieren, in denen er den *relativ* größten Kostenvorsprung habe, und andere Produkte zu importieren. Vom Freihandel profitierten daher letztlich alle Staaten unabhängig von ihrem wirtschaftlichen Entwicklungsstand.[66] Diese Sichtweise setzte sich in der politischen Ökonomie, später in der neoklassischen Ökonomie durch und scheint dort bis heute mehr oder weniger konsensfähig zu sein.

Mit diesen Thesen ist die klassisch-liberale Theorie des Freihandels aber auch zur *Abgrenzungsfolie* für den Knappheitsnationalismus geworden. Ja, man übertreibt kaum, wenn man sagt, dass die Geschichte des modernen Knappheitsnationalismus mit der Opposition gegen die Freihandelslehre beginnt. Die klassisch-ökonomische Theorie des Freihandels stieß seit Anfang bis Mitte des 19. Jahrhunderts vor allem bei denjenigen auf Widerspruch, die unter dem Einfluss des politischen und kulturellen Nationalismus über ökonomische Entwicklung in Begriffen nationaler Interessen und nationaler Wirtschaftszonen nachzudenken begannen. Der wohl einflussreichste Vertreter dieser Opposition war Friedrich List, ein deutscher Ökonom und Politiker. Lists 1841 erstmals erschienenes Buch *Das nationale System der politischen Ökonomie* wurde im 19. und 20. Jahrhundert zu einem wichtigen Stichwortgeber für nationalistische Bewegungen weltweit.[67] List sah die Freihandelslehre als Ausdruck einer britischen Perspektive auf die Weltwirtschaft und kritisierte die britischen Freihandelsbefürworter als »bodenlose Kosmopoliten«, die von nationalen Gegebenheiten der wirtschaftlichen Entwicklung abstrahiert und dadurch übersehen hätten, dass Freihandel nur dann für alle Seiten vorteilhaft sei, wenn er sich zwischen Nationen mit ähnlichem wirtschaftlichen Entwicklungsstand vollziehe.[68] Liege dagegen einer der Handelspartner in seiner Entwicklung deutlich zurück, müsse er seine Industrie und Märkte durch Zölle schützen können, um langfristig denselben Entwicklungsstand erreichen zu können.

Damit lag eine Variante des Knappheitsnationalismus vor, die bis heute verbreitet ist und die man auch als *Entwicklungsnationalismus* oder *Nationalismus der nachholenden Entwicklung* charakterisieren kann.[69] Ihr zentrales Merkmal ist, dass sie der liberalen Theorie des Freihandels im Prinzip zustimmt und nur insofern widerspricht, als sie annimmt, dass nationale Entwicklungsunterschiede vorübergehende Einschränkungen des Freihandels rechtfertigen können. Damit akzeptiert sie die liberale Vorstellung von der Steigerbarkeit der Produktivität durch industrielle Produktion und »free competition« - *nicht* aber das unbeschränkte Vertrauen in die Logik des »comparative advantage«. Stattdessen nimmt sie an, dass Freihandel wirtschaftliche Entwicklung im Keim ersticken kann.

Zerteilt man das hieraus abgeleitete Argument für Protektionismus und aktive nationale Wirtschaftspolitik auf einzelne Schritte, beruht es auf einer Verkettung folgender

Argumente: Die Konsumenten (aller Länder) wählen Produkte nach Qualitäts- und Preisgesichtspunkten aus und üben dadurch Druck auf die Produzenten (aller Länder) aus, bessere und günstigere Produkte zu produzieren. Auf diesen durch Qualitäts- und Preisdiskriminierung gekennzeichneten Märkten können nur Anbieter überleben, die auf hohem Niveau und kostengünstig produzieren können. Diese Fähigkeit aber kann nur erwerben, wer sie zunächst innerhalb einer hinreichend großen nationalen Wirtschaftszone ausbilden und einüben kann. Derzeit wird diese Auffassung mit besonderem Nachdruck von dem koreanischen Ökonomen Ha-Joon Chang vertreten, der heutige Industriestaaten dafür kritisiert, dass sie wirtschaftspolitische Instrumente, die sie einst zur eigenen Entwicklung benutzt und benötigt hätten, heutigen Entwicklungsstaaten mit Verweis auf die Segnungen des Freihandels verweigerten.[70]

Was hat diese Auffassung mit Knappheitsvorstellungen zu tun? Sie beruht auf Knappheitsvorstellungen, durch die sich moderne Varianten des ökonomischen Nationalismus vom Merkantilismus des 16. bis 18. Jahrhunderts - sowie von späteren sog. neomerkantilistischen Positionen - grundlegend unterscheiden: Es geht nun nicht mehr lediglich darum, einen in seiner Größe mehr oder weniger feststehenden Kuchen zu verteilen, sondern darum, die Beziehungen aller Staaten/Nationen unter den Bedingungen einer dynamischen, produktiven, zum Wachstum fähigen und auf »freier Konkurrenz« beruhenden Wirtschaftsweise neu zu denken. Dabei zeigt sich, dass unter der Prämisse, dass die Güter ständig vermehrt, verbessert und billiger produziert werden können, die entscheidende Knappheit nicht mehr (allein) in der

Begrenztheit der natürlichen Ressourcen und Güter selbst liegt, *sondern in dem Problem, Abnehmer für die produzierten Güter zu finden*. Nicht primär die Güter erscheinen als knapp, sondern die Gunst und das Geld der Konsumenten. In Begründungsmodellen à la Friedrich List drückt sich dies in der Auffassung aus, dass der Aufbau nationaler »Volkswirtschaften« (die List von den frei handelnden »Nationalökonomien« der britischen Ökonomen unterscheidet) hinreichend große Absatzmärkte, also möglichst zahlreiche potenzielle Konsumenten voraussetzt, auf denen die Anbieter die für das Bestehen in der internationalen Konkurrenz notwendige Fähigkeit zur effizienten Produktion erlernen können. Die nationalen Märkte sind demnach eine Art Trainingsfeld für das Überleben auf internationalen Märkten und müssen deshalb vor diesen zunächst in gewissem Umfang durch Zölle bzw. Einfuhrsteuern geschützt werden.[71]

Die Geschichte der globalen Verbreitung dieser Variante des Knappheitsnationalismus kann an dieser Stelle nicht im Detail erzählt werden.[72] Für unsere Zwecke genügt die Feststellung, dass die in der Diskussion über den Freihandel bis heute prägenden Argumente damit im Wesentlichen vorlagen: Nicht primär die Güter sind knapp, die Konsumenten und Abnehmer sind es; wer unter den Bedingungen der Weltmarktkonkurrenz überleben will, muss einen Weg finden, mit den eigenen Produkten Zugang zu den Weltmärkten zu finden, ohne durch die effiziente Produktion der anderen in seiner Entwicklung beeinträchtigt oder ruiniert zu werden. Und all dies ist eingebettet in eine globale Ordnungsvorstellung, die im Prinzip vorsieht, dass alle miteinander wachsen können, wenn und soweit sie von einem ähnlichen Entwicklungsstand ausgehen.

Seit dem späten 19. Jahrhundert sind auch immer wieder radikalere Varianten des Knappheitsnationalismus aufgekommen, die sich auf Ideen nationaler Autarkie sowie auf Vorbehalte gegenüber der vom Konsumenteninteresse getriebenen liberalen Weltauffassung stützen. In diesen Varianten tritt das Knappheitsdenken durchaus auffällig und ideologisch in Erscheinung. Ein historisch einflussreiches Beispiel ist jener »Nationalprotektionismus« (Pierre Rosanvallon), der in der dritten Französischen Republik (1870–1940) von führenden Politikern und in eigenen Zeitschriften propagiert wurde.[73] Das primäre Kennzeichen dieser und ähnlicher Auffassungen sehe ich darin, dass sie die Interessen der Produzenten und Arbeiter, nicht jene der Konsumenten in den Vordergrund stellen, und dass sie häufig nicht primär ökonomisch, sondern politisch motiviert sind (was die Bereitschaft einschließen kann, für die politische Mobilisierung des nationalen Publikums auch ökonomische Nachteile in Kauf zu nehmen). Auffassungen dieses Typs werden manchmal auch als »neomerkantilistisch« bezeichnet,[74] was jedoch fragwürdig ist, weil sie sich durch mindestens zwei entscheidende Merkmale vom frühneuzeitlichen Merkantilismus unterscheiden: Erstens dadurch, dass sie auf *nationale Legitimation* abzielen bzw. angewiesen sind, und zweitens dadurch, dass sie die *Knappheitsannahmen* des modernen Entwicklungsnationalismus in der Regel teilen.

Die Knappheitsargumente, auf diese sich solche Auffassungen stützen, lassen sich gut an gegenwärtig vieldiskutierten Varianten aufzeigen. Der von der US-Regierung des 2016 gewählten Präsidenten Donald Trump propagierte »economic nationalism« beispielsweise weist einerseits verblüffende inhaltliche und rhetorische Parallelen zum Entwicklungsnationalismus à la Friedrich List auf: An die Stelle der »bodenlosen Kosmopoliten« bei List treten die »Globalisten« bei Trump; an die Stelle von Zöllen tritt ein vielfältiges Arsenal protektionistischer Maßnahmen (neben Zöllen z. B. Rückzug aus multilateralen Handelsabkommen; Neuverhandlung binationaler Handelsabkommen etc.). Einschränkungen des freien Handels begründet dieser Typus des ökonomischen Nationalismus aber *nicht* mit der Notwendigkeit nachholender Entwicklung, sondern mit dem Ziel des Schutzes einer entwickelten Volkswirtschaft gegen den Preiswettbewerb mit sich entwickelnden Volkswirtschaften. Protektionismus dient nun nicht mehr nur primär dem Erreichen, sondern ebenso auch dem Schutz eines bereits erreichten Entwicklungsniveaus: Während in den entwicklungsnationalistischen Begründungen der nationale Markt geschützt werden soll, um die Fähigkeit zur Teilnahme an globalen Märkten zu *erwerben,* soll in dieser Fassung der nationale Markt geschützt werden, um diese Fähigkeit zu *erhalten*.

Ungeachtet dieser Unterschiede teilen beide Sichtweisen jedoch dieselbe moderne Knappheitsunterstellung: die Annahme, dass nicht primär die Güter selbst, sondern die Abnehmer für die Güter – die Aufmerksamkeit und das Geld der Konsumenten – knapp sind. Während aber die Entwicklungsnationalisten optimistisch voraussetzen, dass bei hinreichender Entwicklungszeit letztlich alle gleichermaßen in der Lage sein werden, am freien Welthandel teilzunehmen, liegt den anderen Varianten – vom »Nationalprotektionismus« um 1900 bis zu Trump – eine pessimistischere, ja tragische Vorstellung zugrunde, wonach der Verteilungskampf vom Entwicklungsstand unabhängig ist und darum dauerhaft und mit allen politisch verfügbaren Mitteln geführt werden muss. Der zugrunde liegende tragische Gedanke ist offenbar: Der nationale Kampf um den Anteil am globalen Kuchen hört nicht auf, nur weil sich der Kuchen insgesamt vergrößert; ja vielleicht nimmt die Intensität des Kampfes sogar noch zu, weil der Anspruch, am wachsenden Wohlstand teilnehmen zu können, inzwischen auf alle Länder und Bevölkerungsgruppen ausgeweitet worden ist. Um dieses tragische Element zu betonen und diese Variante von anderen Varianten des Knappheitsnationalismus zu unterscheiden, könnte man auch von *tragischem Nationalismus* sprechen.

Vor diesem Hintergrund lässt sich auch eine dritte Variante des Knappheitsnationalismus besser verstehen, die sich auf die Vorstellung stützt, dass sich alle Nationalstaaten ununterbrochen darum bemühen müssen, Unternehmen die besten Bedingungen für effiziente und günstige Produktion zu bieten. Man kann sie *Wettbewerbsnationalismus* oder *Standortnationalismus* nennen (auch wenn ihre Befürworter das Wort Nationalismus ungern in den Mund nehmen). Der Kampf um die Gunst des globalen Marktpublikums, so das Argument, zwinge die Produzenten zur ständigen Suche nach den besten Standortbedingungen. Das wiederum zwinge alle Nationalstaaten, möglichst attraktive Bedingungen für die Ansiedelung von Unternehmen auf ihrem Staatsgebiet zu schaffen. Die Welt setzt sich demnach aus lauter »competition states«[75] mit mehr oder weniger ausgeprägter »competitiveness«[76] zusammen, die in der »new systems competition«[77] ununterbrochen um ihre jeweiligen Anteile am globalen Kuchen ringen.

Diese Argumentation beruht auf derselben grundlegenden Knappheitsannahme wie die bisher diskutierten Varianten – die knappe Gunst eines globalen Konsumentenpublikums unterstellend –, setzt aber an die Stelle des Schutzes der nationalen Märkte den Zwang zur ständigen Optimierung aller nationalen Institutionen zur Steigerung der Attraktivität für Industrie- oder Handelsansiedlungen. Nationalisten können sich diese Weltauffassung zu eigen machen, indem sie die »Standortpolitik« zur nationalen Aufgabe machen und das dadurch erreichbare Prestige, als besonders »entwickelte« und »kompetitive« Nation zu gelten, zum erstrebenswerten Gut erklären. Damit erfindet sich diese Auffassung gewissermaßen eine Lücke zwischen den bisher erörterten Varianten des Knappheitsnationalismus: Mit dem Entwicklungsnationalismus teilt sie das grundsätzliche Vertrauen in die Vorteile des Freihandels, mit dem tragischen Nationalismus die Auffassung, dass das Wachstum des Kuchens nicht vor dem Zwang zum politisch gesteuerten Kampf um den größten Anteil schützt. Zugleich unterscheidet sie sich von beiden, indem sie die Lösung nicht im vorübergehenden oder dauerhaften Protektionismus, sondern in einem auf Dauer gestellten nationalen Leistungs- und Modernisierungsstreben sucht. Im Weltbild des Wettbewerbs- bzw. Standortnationalismus ist es daher gerade der Kampf aller Nationalstaaten um ihren Anteil, der, sofern *ohne* protektionistische Maßnahmen geführt, garantieren soll, dass der Kuchen für alle ständig weiterwachsen kann.

Schließlich ist an eine letzte Variante des Knappheitsnationalismus zu denken, die vor allem im Kontext der Migrationsdebatte an Bedeutung zu gewinnen scheint. Ich nenne sie den »Wir sind schon hier«-Nationalismus. Seine grundlegende Knappheitsannahme bezieht sich auf das von einer Nation erreichte Wohlstandsniveau. Dieser Wohlstand, so das Argument, verdanke sich der Leistungsfähigkeit und dem Fleiß der dieses Land bewohnenden und bewirtschaftenden Nation und sollte daher auch primär oder ausschließlich den Mitgliedern dieser Nation zugutekommen. Das Argument kann insbesondere zur Abwehr von Migranten eingesetzt werden, die neu dazukommen und sich dauerhaft ansiedeln wollen. Solche Argumente spielen heute eine zentrale – wenn auch meist implizite – Rolle in der politischen Auseinandersetzung um die »Flüchtlingsfrage« in Europa und den USA,[78] dürften aber eine Rolle gespielt haben, seit es die Vorstellung gibt, dass die ökonomische Entwicklung eines Staates das Produkt der Arbeit und des Fleißes seiner Bewohner ist. Der nächste Verwandte des »Wir sind schon hier«-Nationalismus unter den hier erörterten Reproduktionsmodi des Nationalismus ist der oben als Variante des Identitätsnationalismus diskutierte Leistungsnationalismus, der Nationalprestige an die Beobachtung kollektiver Leistungsfähigkeit knüpft. In Verbindung mit diesem Leistungsnationalismus kann der »Wir sind schon hier«-Nationalismus besonders gut gedeihen, weil er die beiden gemeinsame Vorstellung unterstützt, dass die erreichte ökonomische Entwicklung eines Staates vor allem das Verdienst seiner Bewohner sei.

Was den »Wir sind schon hier«-Nationalismus historisch besonders interessant macht, ist die Tatsache, dass er im Prinzip ohne ethnisch-kulturelle Identitätsvorstellungen auskommt und gerade dadurch die Exklusivität aller Formen des Nationalismus eindrucksvoll vorführt. Seine

Grundaussage ist: Zur Nation gehört, wer schon hier ist, ganz egal wie er oder sie hergekommen war. Damit verschiebt er das Abgrenzungsproblem des Nationalismus von der Identitätsebene auf die Zeitachse: Bezogen auf die Gegenwart ist er inklusiv. Zugleich ist er aber auch mit Blick auf die Zukunft radikal exklusiv, indem er sagt, dass, wer nicht schon hier ist, draußen bleiben soll. Das ist ein perfektes Argument zur Abwehr von Migration, aber auch ein perfekter Deckmantel für alle Varianten des Rassismus und der Fremdenfeindlichkeit.

Diese Analyse zeigt, dass eine Untersuchung des Nationalismus auf seine implizit-unauffälligen Knappheitsvorstellungen nicht nur zum Verständnis protektionistischer Wirtschaftstheorien bzw. -ideologien beitragen kann. Vielmehr zeigt sie, wie *globale Knappheitsannahmen* dazu beigetragen haben, das nationalistische Denken zu formen und auf Dauer zu stellen, indem sie uns an das Denken in kollidierenden nationalen Interessen gewöhnt haben. Für die im 19. und 20. Jahrhundert aufkommenden Formen scheint vor allem die Vorstellung von einem globalen Konsumenten- und Investorenpublikum prägend zu sein, dessen Gunst auch bei zunehmendem Wachstum und wachsender Produktion knapp erscheint, ja umso knapper erscheinen muss *im Vergleich* mit der zunehmenden Zahl an Produkten und Anbietern und vor dem Hintergrund gesteigerter Wohlstandserwartungen. Im Zuge dieser Analyse hat sich der scheinbare Widerspruch zwischen dem modernen Vertrauen in Wachstum auf der einen Seite und der Persistenz des Nationalismus auf der anderen schrittweise aufgelöst. Stattdessen hat sich gezeigt: Die Fähigkeit des Nationalismus, Knappheitsannahmen implizit ihn politische Argumentationen einzuführen, macht ihn teilweise unabhängig von ethnisch-kulturellen Identitätsbehauptungen (Identitätsnationalismus) und offenen Konflikten (Konfliktnationalismus). Diese unauffällige Operationsweise verbindet ihn mit dem institutionalisierten Nationalismus, in dem er gleichwohl nicht aufgeht, weil er ihm die Fähigkeit hinzufügt, sich die Welt als einen Ort vorzustellen, auf dem Knappheit von Gütern herrscht, und diese Annahme in politische Debatten einführt. So trägt der Knappheitsnationalismus auf eigenständige Weise zur Reproduktion des Nationalismus in der Moderne bei, und zwar offenbar umso effektiver, je deutlicher er seine pessimistischere Weltauffassung als Alternative zu einem »globalistischen« ökonomischen Liberalismus präsentieren kann, der selten bereit ist, die optimistischen Prämissen seiner Weltsicht zu hinterfragen.

Zum neuen Nationalismus: Analytische und normative Implikationen

Dieser Essay hat zu zeigen versucht, was moderner Nationalismus ist und woraus er seine – ökonomische Globalisierungsenthusiasten immer wieder überraschende – Beharrungskraft bezieht. Meine Hauptthese war: Der moderne Nationalismus ist nicht nur eine politische Ideologie, sondern auch eine globale Institution, die sich sowohl auffällig als auch unauffällig reproduzieren kann und über ein umfangreiches Repertoire an Reproduktionsformen verfügt, das sich über 200 Jahre entwickelt und gefestigt hat. Um diese Entwicklung in den Blick zu nehmen, habe ich je zwei auffällige – Identitätsnationalismus, Konfliktnationalismus – und zwei unauffällige – institutionalisierter Nationalismus, Knappheitsnationalismus – Reproduktionsmodi unterschieden und argumentiert, dass wir die Beharrungskraft des Nationalismus als globale Institution nur verstehen können, indem wir analysieren, wie sich diese Reproduktionsmodi historisch ausdifferenziert und seit Mitte des 19. Jahrhunderts mit Globalisierungsprozessen verbunden haben.

Diese Überlegungen legen den Schluss nahe, dass sich der Nationalismus in so vielfältige Formen ausdifferenziert und in so zahlreichen sozialen Prozessen eingenistet hat, dass es heute praktisch unmöglich ist, sich seiner Orientierungs- und Legitimationskraft zu entziehen: Wer die Staatsbürgerschaft eines Nationalstaats hat oder annimmt, nimmt an der Reproduktion des Nationalismus teil; wer nationale Zeitungen liest und sich durch deren Themenwahl und Perspektive orientieren lässt, nimmt an ihr teil; wer einer Nationalmannschaft zujubelt, nimmt an ihr teil; wenn wir in nationalen Kollektividentitäten und -interessen denken und argumentieren, gleich ob wir z.B. meinen, »die Griechen« sollten sparen oder »die Deutschen« sollten für die Einheit Europas Opfer bringen, nehmen wir an ihr teil. Sozialwissenschaftler, die nationale Themen bearbeiten oder sich auf nationale statistische Datenquellen stützen, nehmen an der Reproduktion des Nationalismus ebenso teil wie Staatsregierungen, die sich im Gefüge internationaler Organisationen einrichten und sich an globalen Modellen wie Menschenrechten oder ökonomischem Wachstum orientieren.

Mit dieser Analyse löst sich zugleich der scheinbare Widerspruch zwischen Nationalismus und Globalisierung, der in der Globalisierungsliteratur der 1990er und 2000er Jahre beschworen wurde, auf. Stattdessen zeigt sich ein robustes *Steigerungsverhältnis* zwischen Nationalismus und Globalisierung, das vermuten lässt, dass der Nationalismus heute so stabil ist wie nur je zuvor. Der Eindruck, dass er seinem Ende entgegengeht, konnte wohl nur deshalb immer wieder aufkommen, weil seine unauffällige Seite unzureichend verstanden und darum chronisch unterschätzt worden ist. Soweit die Abgesänge auf den Nationalismus eine reale Grundlage haben, so ist es die, dass bestimmte extreme (v. a. rassisch konnotierte) Formen des Identitätsnationalismus sowie besonders aggressive Formen des Konfliktnationalismus in der zweiten Hälfte des 20. Jahrhunderts weitgehend delegitimiert worden sind: »Ethnische Säuberungen« können heute als Völkermord oder Verbrechen gegen die Menschlichkeit vor dem Internationalen Strafgerichtshof angeklagt werden; Angriffskriege sind heute völkerrechtlich verboten, und wer dennoch einen führt, kann rechtlich und wirtschaftlich sanktioniert werden. Überhaupt hat die Weltkultur, wie sie heute von internationalen Organisationen repräsentiert wird, eine deutliche Präferenz für einen »freundlichen Leistungsnationalismus« entwickelt, der von allen Nationen erwartet, ihr Nationalprestige vor allem aus der Bereitschaft zur internationalen Kooperation sowie aus ihrer Fähigkeit zu ziehen, zu gemeinsamem Wachstum und globaler Entwicklung beizutragen. Aggressiv-expansive Varianten des ethnisch-kulturellen Nationalismus treten daher seltener auf und müssen, wenn sie doch auftreten, mit Widerstand und Skandalisierung rechnen. Mindestens ebenso wichtig ist jedoch, dass der Nationalismus zu einer globalen Institution geworden ist, die es erlaubt, ganz selbstverständlich von der Existenz nationaler Identitäten auszugehen sowie nationale Interessen für politische Argumentationen in Anspruch zu nehmen. Diesen Institutionalisierungsgrad verdankt der

Nationalismus vor allem seinen unauffälligeren Reproduktionsmechanismen. Man darf daher aus der nachlassenden Legitimität spezifischer auffälliger Varianten des Nationalismus nicht auf das Ende des Nationalismus insgesamt schließen.

Vor diesem Hintergrund lässt sich auch die Diskussion zum »neuen Nationalismus« historisch einordnen und präzisieren. Denn wenn man berücksichtigt, dass sich der Nationalismus auch aus unauffälligen Quellen speist, wird zugleich besser verständlich, dass und wie er immer wieder auffällig werden kann. Auffällige »identitäre« Formen des Nationalismus können sich dabei zunutze machen, dass wir uns an das Denken in nationalen Kollektividentitäten und nationalen Kollektivinteressen gewöhnt haben, und versuchen, daraus politisches Kapital zu schlagen. Auffälliger Nationalismus kann an den unauffälligen andocken, unauffälliger in auffälligen umschlagen. Dieses Wiederauffälligwerden des Identitätsnationalismus wird heute offenbar besonders durch zwei unauffällige Varianten des Nationalismus erleichtert: den seit den 1980er Jahren an Einfluss gewinnenden Wettbewerbs- bzw. Standortnationalismus, der die Pflege von Wettbewerbsfähigkeit im Sinne der Fähigkeit zur effizienten Herstellung marktgängiger Produkte und des Kampfes um die Ansiedelung von Unternehmen zur Daueraufgabe aller Nationalstaaten erklärt; und den vor allem in der Migrationsdebatte wichtigen »Wir sind schon hier«- Nationalismus, der auf der Annahme basiert, dass es sich bei dem Wohlstand eines Landes um ein Gut handelt, dass nur denen zugutekommen sollte, die ihm bereits angehören. An Leistungsprestigedenken und Wohlstandsprotektion kann leicht ein kulturell-ethnischer Nationalismus andocken, der

Leistungen und Wohlstand als Ausdruck des immerwährenden Charakters einer Nation reklamiert, aber zugleich dafür eintritt, diese Eigenschaften um ihrer selbst willen zu bewahren.[79] Geschieht dies, wie es gegenwärtig der Fall ist, ist von einem »neuen Nationalismus« die Rede, realisiert sich aber lediglich ein Potenzial, das in dem historisch gewachsenen Zusammenspiel zwischen auffälligen und weniger auffälligen Formen des Nationalismus immer schon angelegt ist – und von dem zu erwarten ist, dass es sich auch in Zukunft immer wieder realisieren wird.

Welche politischen Schlussfolgerungen lassen sich aus diesen Überlegungen ziehen? Wie sollten wir uns zum Nationalismus verhalten? Zunächst einmal sollten wir akzeptieren, dass der Nationalismus eine globale Institution ist und auf absehbare Zeit nicht verschwinden wird. *Nationalism is here to stay*. Statt uns von einem ökonomisch reduzierten Globalisierungsverständnis in die Irre führen zu lassen und dem Nationalismus immer wieder aufs Neue sein baldiges Ende vorherzusagen, sollten wir daher besser versuchen, auf kluge Weise mit ihm leben zu lernen. Zwei konkretere Schlussfolgerungen der hier vorgelegten Analyse könnten dabei helfen.

Die erste Schlussfolgerung ist sprachkritischer Art: Wir sollten auf Begriffe verzichten, mit denen in der öffentlichen Debatte häufig versucht wird, den Nationalismus rhetorisch zu domestizieren. Eine besonders beliebte Form der Domestikation besteht darin, zwischen guten und schädlichen Formen des Nationalismus zu unterscheiden und die für gut befundenen Formen nicht Nationalismus, sondern »Patriotismus« – insbesondere »Verfassungspatriotismus«

oder »inklusiven Patriotismus«[80] – zu nennen. Die Rede vom Patriotismus vermeidet die negativen Konnotationen des Wortes Nationalismus, verschleiert aber einen grundlegenden Sachverhalt, dem wir nüchtern ins Auge sehen sollten: Auch liberaler und freundlicher Nationalismus ist Nationalismus. Alle Formen des Nationalismus produzieren Kollektividentitäten, die Grenzen zwischen »uns« und »den anderen« markieren. Jede Form des Nationalismus inkludiert *und* exkludiert. Auch der vornehmste Patriotismus ist unvermeidbar *partikularistisch:* grenzt ab, schließt die wenigsten Menschen ein und die meisten aus. Auch Verfassungspatrioten wirken folglich daran mit, die Aufteilung der Welt in Nationalstaaten zu legitimieren, und müssen es auch, um an der globalen Legitimationskraft des Nationalismus teilnehmen zu können. Wer diese Eigenschaft rhetorisch zu übertünchen versucht, indem er so tut, als handele es sich bei »Patriotismus« und »Nationalismus« um grundsätzlich unterschiedliche Dinge, unterstützt die hier kritisierte Tendenz, den Nationalismus auf eine Ideologie zu reduzieren und seine unauffällig-institutionelle Seite aus dem Blick zu verlieren. Wer sich vom Nationalismus abgrenzt, obwohl er selbst Nationalismus betreibt, setzt sich zudem leicht dem Vorwurf der Verlogenheit aus. Was Nationalismus ist, sollte auch Nationalismus genannt werden.[81]

Meine zweite politische Schlussfolgerung ist, dass alle, die an der Erhaltung der liberalen Demokratie interessiert sind, ihre Energien in der Auseinandersetzung mit dem Nationalismus künftig noch zielgerichteter einsetzen könnten. Denn jener auffällige »identitäre« Nationalismus, der die größte mediale Aufmerksamkeit auf sich zieht, ist nach der hier vorgelegten Analyse längst nicht (mehr) die wichtigste Quelle der Legitimationskraft des Nationalismus. Wesentlich einflussreicher scheint mir eine Variante nationalistischen Denkens zu sein, die ich *Knappheitsnationalismus* genannt habe, weil sie sich die Welt als einen Ort vorstellt, der aus knappen Gütern zusammengesetzt ist, und daher annimmt, dass jede Nation die ihr zustehenden Güter stets nur auf Kosten anderer Nationen erlangen kann. Diese Spielart des Nationalismus wird meist implizit in politische Argumentationen eingeflochten und tritt selten lautstark in Erscheinung. Aber während Identitätsnationalismus vor allem Lärm und Aufregung erzeugt, produziert Knappheitsnationalismus auch politisch ernstzunehmende Argumente – wie jene, dass internationaler Handel nicht automatisch gemeinsames Wachstum für alle produziert oder dass Migration auch mit ernsten bis tragischen Verteilungskonflikten einhergehen kann. Wir wissen noch wenig darüber, wie Knappheitsannahmen konstruiert und in nationalistische Argumentationen eingeführt werden, und noch weniger darüber, was die angemessene politische Reaktion auf solche Argumentationen sein könnte. Statt uns also von den Identitätsnationalisten fesseln und ablenken zu lassen, täten wir gut daran, uns mit den Argumenten des Knappheitsnationalismus künftig noch intensiver und differenzierter auseinanderzusetzen.

Für mich selbst laufen diese Überlegungen auf eine politische Haltung hinaus, die man *liberalen Nationalismus mit tragischem Bewusstsein* nennen könnte: *Liberal,* weil sie akzeptiert, dass alle Vorstellungen von ethnischer oder kultureller Homogenität, mit denen sich der Identitätsnationalismus traditionell verbunden hat, ihre Tendenz zum

Autoritarismus und Totalitarismus hinreichend nachgewiesen haben. Es gibt daher keinen Grund, sie sich zurückzuwünschen. *Nationalismus,* weil sie akzeptiert, dass sich ohne die Legitimationskraft des Nationalismus auf absehbare Zeit buchstäblich kein Staat wird machen lassen, und zugleich annimmt, dass Nationalismus nicht dadurch anders, besser oder harmloser wird, dass man ihm neue Namen wie »Patriotismus« oder »Verfassungspatriotismus« gibt. *Tragisches Bewusstsein,* weil sie Nationalisten ernst nimmt, die argumentieren, dass es unausweichliche Knappheiten gibt, die sich nicht ohne Weiteres durch Wachstum, Freihandel, internationale Kooperation oder ökologisches Bewusstsein aus der Welt schaffen lassen. Die Zukunft der liberalen Demokratie könnte davon abhängen, auf diese Argumente eine überzeugende, nicht verlogene Antwort zu finden.

1 Zum Beispiel: Kenichi Ohmae, *The End of the Nation State: The Rise of Regional Economies,* New York 1995; Thomas L. Friedman, The World Is Flat, New York 2005.

2 Michael Billig, *Banal Nationalism,* London 1995.

3 Um nur zwei interessante Beispiele aus dieser Zeit zu nennen: Otto Hieronymi (Hrsg.), *The New Economic Nationalism,* London 1980; James Mayall, »Reflections on the ›New‹ Economic Nationalism«, in: *Review of International Studies* 10 (1984).

4 In der Einführung zu einem Sammelband zum »New Economic Nationalism« von 1980 heißt es beispielsweise: »The 1970s have witnessed an open revival of economic nationalism. This development has been in apparent contrast with the progress and the unexpected success of world-wide economic and financial integration of the last 30 years.« Otto Hieronymi, »Introduction: The New Economic Nationalism«, in: Otto Hieronymi (Hrsg.), *The New Economic Nationalism,* London 1980, S. 11.

5 Richtungsweisend waren vor allem Ernest Gellner, *Nations and Nationalism,* Oxford 1983; Benedict Anderson, *Imagined Communities: Reflections on the Origin and Spread of Nationalism,* London 1983; Eric Hobsbawm, Terence Ranger (Hrsg.), *The Invention of Tradition,* Cambridge 1983.

6 Zur Vernachlässigung des Nationalismus in der klassischen soziologischen Theorie vgl. Anthony D. Smith, »Nationalism and Classical Social Theory«, in: *The British Journal of Sociology* 34 (1983).

7 Benedict Anderson, *Die Erfindung der Nation. Zur Karriere eines folgenreichen Konzepts.* 2., um ein Nachwort von Thomas Mergel erw. Auflage der Neuausgabe von 1996, 2. Aufl. Frankfurt a. M., New York 2005, S. 12.

8 Stilbildend Shmuel N. Eisenstadt and Bernhard Giesen, »The Construction of Collective Identity«, in: *European Journal of Sociology* 36, no. 1 (1995).

9 Anderson 1996, S. 18–43.

10 Zur Nähe zwischen Nationalismus und Religion noch immer eindrücklich Carlton J. H. Hayes, *Essays on Nationalism,* New York 1926.

11 Näher Craig Calhoun, *Nationalism,* Minneapolis 1997.

12 Hierzu instruktiv Aviel Roshwald, »On Nationalism«, in: John R. McNeill, Kenneth Pomeranz (Hrsg.), *The Cambridge World History Vol. VII. Porduction, Destruction, and Connection, 1750–Present, Part I: Structures, Spaces, and Boundary Making,* Cambridge 2015.

13 Zu direkter Zugehörigkeit als Kriterium des modernen Nationalismus näher Michael Hechter, *Containing Nationalism,* Oxford 2000.

14 James Mayall, *Nationalism and International Society,* Cambridge 1990.

15 Billig 1995, S. 80.
16 Zu den rechtlichen und politischen Voraussetzungen der Anerkennung neuer Staaten vgl. Mikulas Fabry, *Recognizing States,* Oxford 2010.
17 Jörg Fisch, *Das Selbstbestimmungsrecht der Völker,* München 2010.
18 Die konstante Spannung, die aus dem Nebeneinander von überlieferten Souveränitätskonzepten und der Idee nationaler Selbstbestimmung resultiert, betont und analysiert Mayall 1990.
19 Zum Überblick vgl. Anthony D. Smith, *Nationalism and Modernism. A Critical Survey of Recent Theories of Nations and Nationalism,* London, New York 1998.
20 Sam Pryke, *Nationalism in a Global World,* Basingstoke 2009.
21 Z. B. Anthony D. Smith, *Ethno-Symbolism and Nationalism. A Cultural Approach,* London, New York 2009; Philip S. Gorski, »The Mosaic Moment. An Early Modernist Critique of Modernist Theories of Nationalism«, in: *American Journal of Sociology* 105 (2000).
22 Ernest Gellner, »Reply. ›Do Nations have Navels?‹«, in: *Nations and Nationalism,* no. 2 (1996).
23 Ders., *Nationalismus,* Berlin 1999, S. 89ff.
24 Für eine wichtige Ausnahme vgl. Calhoun 1997.
25 Für ein frühes Beispiel vgl. Friedrich Meinecke, *Weltbürgertum und Nationalstaat,* München, Berlin 1908. Für neuere Rudolf Stichweh, »Nation und Weltgesellgesellschaft«, in: *Die Weltgesellschaft,* Frankfurt a.M. 2000; Charles Tilly, »States and Nationalism in Europe 1492–1992«, in: *Theory and Society* 23, no. 1 (1994).
26 Tiefschürfende Untersuchungen zu solchen Fragen finden sich insbesondere in: Miroslav Hroch, *Das Europa der Nationen. Die moderne Nationsbildung im europäischen Vergleich,* Göttingen 2005; Andreas Wimmer, Yuval Feinstein, »Rise of the Nation-state Across the World, 1816–2001«, in: *American Sociological Review* 75 (2010); John Breuilly, *Nationalism and the State,* Manchester 1993; Rogers Brubaker, *Ethnicity Without Groups,* London 2004; Julian Go, Jake Watson, »Anticolonial Nationalism. From Imagined Communities to Colonial Conflict«, in: *European Journal of Sociology* (2018).
27 Das Dilemma illustriert ein Kommentar des britischen Rechtsgelehrten Ivor Jennings zur Dekolonialisierung in den 1950er Jahren: »On the surface it seemed reasonable: let the people decide. It was in fact ridiculous because the people cannot decide until someone decides who are the people.« Zitiert nach Mayall 1990, S. 41.
28 Für eine aktuelle Spurensuche zum deutschen Nationalismus vgl. Dieter Borchmeyer, *Was ist deutsch? Die Suche einer Nation nach sich selbst,* Berlin 2017. Tiefgreifende historische Analysen der Entwicklung des

deutschen Nationalismus bietet Dieter Langewiesche, *Nation, Nationalismus, Nationalstaat in Deutschland und Europa*, München 2000.

29 Für eine eindrucksvolle Aufzählung vgl. Calhoun 1997, S. 4f.

30 Tim Edensor, *National Identity, Popular Culture and Everyday Life*, Oxford 2002.

31 Vgl. John Hutchinson, *Nations as Zones of Conflict*, London 2004; *Ders., Nationalism and War*, Oxford 2017; Andreas Wimmer, *Nationalist Exclusion And Ethnic Conflict: Shadows of Modernity*, Cambridge 2002.

32 Anderson 1996, S. 15.

33 Billig 1995. John Hutchinson, »Hot and Banal Nationalism. The Nationalization of ›the Masses‹«, in: Gerard Delanty, Krishan Kumar (Hrsg.), *The Sage Handbook of Nations and Nationalism*, London 2006.

34 Vgl. nochmals Billig 1995. Auch Rogers Brubaker et al., *Nationalist Politics and Everyday Ethnicity in a Transylvanian Town*, Princeton 2006; John E. Fox, »Edges of the Nation. A Research Agenda for Uncovering the Taken-for-granted Foundations of Everyday Nationhood«, in: *Nations and Nationalism* 23, no. 1 (2017).

35 Dazu ausführlicher Tobias Werron, »Knappheitsnationalismus. Globale Vergleiche als Instrumente partikularistischer Weltauffassungen«, in: Hannah Bennani et al. (Hrsg.), *Globale Beobachtungen und Vergleiche*, Hamburg, im Druck.

36 Soweit es Interesse an dieser Variante gibt, wird sie meist unter dem Titel »ökonomischer Nationalismus« und weitgehend getrennt von der allgemeineren Nationalismusforschung behandelt; vgl. etwa Eric Helleiner, Andreas Pickel (Hrsg.), *Economic Nationalism in a Globalizing World*, Ithaca, London 2005.

37 Niklas Luhmann, »Knappheit«, in: *Die Wirtschaft der Gesellschaft*, Frankfurt a. M. 1988.

38 Zu diesem Begriffsvorschlag näher Werron »Knappheitsnationalismus«.

39 Es gibt zahlreiche differenziertere Typisierungsvorschläge; vier europäische Zonen unterscheidet beispielsweise Gellner 1983, S. 90ff. Die wohl umfassendste und differenzierteste Typologie findet sich bei Anthony D. Smith, *Theories of Nationalism*, London 1971, S. 229.

40 Näher Tobias Werron, »Gleichzeitigkeit unter Abwesenden. Zu Globalisierungseffekten elektrischer Telekommunikationstechnologien«, in: *Zeitschrift für Soziologie* Sonderheft, no. 2 (2015); Ders., »Global Publics as Catalysts of Global Competition. A Sociological View«, in: Valeska Huber, Jürgen Osterhammel (Hrsg.), *The Global Public and Its Limits*, Cambridge (im Erscheinen).

41 Roland Wenzlhuemer, »The Dematerialization of Telecom-

munication: Communication Centres and Peripheries in Europa and the World, 1850–1920«, in: *Journal of Global History* 2, no. 3 (2007).

42 Tom Standage, *Das viktorianische Internet: Die erstaunliche Geschichte des Telegraphen und der Online-Pioniere des 19. Jahrhunderts,* St. Gallen 1999.

43 Vanessa Ogle, *The Global Transformation of Time 1870–1950,* Cambridge, London 2015.

44 Dwayne R. Winseck, Robert M. Pike, *Communication and Empire: Media, Markets, and Globalization, 1860–1930,* Durham 2007; Simone M. Müller, Heidi J. S. Tworek, »›The Telegraph and the Bank‹: On the Interdependence of Global Communications and Capitalism, 1866–1914«, in: *Journal of Global History* 10, no. 2 (2015).

45 Zur langen (Vor-)Geschichte internationaler Organisationen vgl. Thomas Davies, *NGOs: A New History of Transnational Civil Society,* New York 2014.

46 Akira Iriye, *Global Community: The Role of International Organizations in the Making of the Contemporary World,* Berkeley 2002.

47 Die Stanforder »World Polity School«, eine soziologische Richtung der Globalisierungsforschung, bezeichnet solche Beobachter auch als »rationalisierte Andere«, um zu betonen, dass sie als externe Beobachter und Kritiker auftreten, nicht als verantwortliche Akteure. Näher John W. Meyer, »Rationalized Environments«, in: John W. Meyer, W. Richard Scott (Hrsg.), *Institutional Environments and Organizations: Structural Complexity and Individualism,* Thousand Oaks 1994; John W. Meyer et al., »World Society and the Nation-State«, in: *American Journal of Sociology* 103, no. 1 (1997).

48 Hans Kohn, *Die Idee des Nationalismus. Ursprung und Geschichte bis zur französischen Revolution,* Heidelberg 1950.

49 Für eine differenzierte Kritik der Unterscheidung »ziviler« vs. »ethnischer« Nationalismus vgl. Rogers Brubaker, »The Manichean Myth: Rethinking the Distinction Between ›Civic‹ and ›Ethnic‹ Nationalism«, in: Hanspeter Kriesi et al. (Hrsg.), *Nation and National Identity: The European Experience in Perspective,* Zürich 1999.

50 Tobias Werron, »Worum konkurrieren Nationalstaaten? Zu Begriff und Geschichte der Konkurrenz um ›weiche‹ globale Güter«, in: *Zeitschrift für Soziologie* 41, no. 4 (2012).

51 Meyer et al. 1997, S. 154.

52 Daniel Headrick, »A Double-Edged Sword: Communications and Imperial Control in British India«, in: Roland Wenzlhuemer (Hrsg.), *Global Communication,* Köln 2010.

53 Jürgen Osterhammel, *Die Verwandlung der Welt: Eine Geschichte des 19. Jahrhunderts,* München 2009, S. 904.

54 Ernest Gellner schätzte die Zahl potenzieller nationaler

Bewegungen auf 800, betonend, dass es sich um eine konservative Schätzung handele; vgl. Gellner 1983, S. 45.
55 Niklas Luhmann, *Die Realität der Massenmedien,* Opladen 1996, S. 60.
56 Vgl. Benedict Anderson, »Nationalism, Identity, and the Logic of Seriality«, in: Ders. (Hrsg.), *The Spectre of Comparisons,* London 1998, S. 33.
57 Vgl. nochmals Meyer et al. 1997.
58 Zu diesem Argumenten näher Bettina Heintz, Tobias Werron, »Wie ist Globalisierung möglich? Zur Entstehung globaler Vergleichshorizonte am Beispiel von Wissenschaft und Sport«, in: *Kölner Zeitschrift für Soziologie und Sozialpsychologie* 63 (2011).
59 Andreas Wimmer, Nina Glick Schiller, »Methodological Nationalism and Beyond: Nation-State Building, Migration and the Social Sciences«, in: *Global Networks* 2 (2002).
60 Rogers Brubaker, *Nationalism Reframed: Nationhood and the National Question in the New Europe,* Cambridge 1996.
61 Typische Beispiele für diese Sichtweise: Theodore H. Cohn, *Global Political Economy. Theory and Practice,* London, New York 2016; Robert Wright, *Nonzero. The Logic of Human Destiny,* New York 2001.
62 Zu den Anfängen moderner Begriffe von »improvement« im England des 17. und 18. Jahrhundert Paul Slack, *The Invention of Improvement. Information and Material Progress in Seventeenth-Century England,* Oxford 2015. Zu späteren modernen Leistungsbegriffen Nina Verheyen, *Die Erfindung der Leistung,* Berlin 2018.
63 »Un combat perpetual en paix et en guerre entre les nations de L‹Europe, à qui en emportera la meilleure partie«, Edmund Silberner, *La guerre dans la pensée économique du 16. au 18. siècle,* Paris 1939, S. 35.
64 Dazu näher Tobias Werron, »Why Do We Believe in Competition? A Historical-sociological View of Competition as an Institutionalized Modern Imaginary«, in: *Distinktion: Scandinavian Jounal of Social Theory* 16 (2015).
65 Für diese und weitere Nachweise Johannes Burckhardt, »Wirtschaft IV-VIII (1983)«, in: Otto Brunner, Werner Conze, Reinhart Kosseleck (Hrsg.) *Geschichtliche Grundbegriffe,* Stuttgart 1992.
66 David Ricardo, *On the Principles of Political Economy and Taxation,* London 1817.
67 Friedrich List, *Das nationale System der politischen Oekonomie. Erster Band. Der internationale Handel, die Handelspolitik und der deutsche Zollverein. Neudruck nach der Ausgabe letzter Hand,* Jena 1922. Zum zeitgenössischen

politischen Kontext in Deutschland vgl. Mark Hewitson, *Nationalism in Germany, 1848–1866. Revolutionary Nation,* Basingstoke 2010, S. 253ff.

68 List beschrieb die eigene Position so: »Als charakteristischen Unterschied des von mir aufgestellten Systems [...] bezeichne ich die Nationalität. Auf die Natur der Nationalität als des Mittelgliedes zwischen Individualität und Menschheit ist mein ganzes Gebäude gegründet.« List 1992, S. LIX [1841].

69 Es gab auch radikalere nationalistische Visionen, die dem Handel über die nationalen Grenzen hinweg per se skeptisch gegenüberstanden oder ihn ganz ablehnten; das bekannteste Beispiel ist Johann Gottlieb Fichtes *Der geschlossene Handelsstaat* Tübingen 1800.

70 Ha-Joon Chang, *Kicking Away the Ladder. Development Strategy in Historical Perspective,* London 2002.

71 Durch die ihm zugrundeliegenden Knappheitsvorstellungen unterscheidet sich der ökonomische Entwicklungsnationalismus nach List grundlegend von seinen merkantilistischen Vorgängern. Insofern ist seine Zuordnung zum »Neomerkantilismus«, die in der internationalen politischen Ökonomie üblich ist, Cohn 2016, S. 59, irreführend.

72 Zum 19. Jahrhundert vgl. Christopher A. Bayly, *The Birth of the Modern World 1780–1914,* London 2004, S. 301.

73 Vgl. Pierre Rosanvallon, *Die Gesellschaft der Gleichen,* Berlin 2017, S. 159ff.

74 Cohn 2016, S. 59f.

75 Philip G. Cerny, »Paradoxes of the Competition State: The Dynamics of Political Globalization«, in: *Government and Opposition* 32, no. 2 (1997).

76 Michael E. Porter, *Competitive Advantage of Nations,* New York 1990.

77 Hans-Werner Sinn, *The New Systems Competition,* Oxford 2003.

78 Vgl. Ann Coulter, *Adios America. The Left's Plan to Turn Our Country Into a Third World Hellhole,* Washington 2015.

79 Insofern ist es kein Zufall, dass der Aufstieg der AfD in Deutschland sich in zwei Schritten vollzog, die sich in der hier vorgeschlagenen Terminologie wie folgt interpretieren lassen: In der Debatte um Europa- und Griechenlandkrise wurden von der AfD vor allem knappheitsnationalistische Argumente vorgebracht, so dass (Rechts-) Liberale in dieser Phase in der Partei noch eine dominierende Rolle spielen konnten. In der sog. Flüchtlingskrise traten dann identitätsnationalistische Argumente in den Vordergrund – und die AfD wandelte sich in eine offen identitätsnationalistische Partei.

80 Sasha Mounk, *Der Zerfall der Demokratie. Wie der Populismus*

den Rechtsstaat bedroht, München 2018, 240ff.

81 Ganz ähnlich heißt es schon bei Norbert Elias: »Was aber ›Nationalismus‹ heißt, ist in vielen Fällen einfach der ›Patriotismus‹ anderer, und ›Patriotismus‹ die eigene Form von ›Nationalismus‹«. Norbert Elias, *Über die Deutschen. Machtkämpfe und Habitusentwicklung im 19. und 20. Jahrhundert,* Frankfurt a. M. 1989, S. 198.

Ökonomien der Zukunft

Dieses Buch ist Teil eines multidisziplinären Diskurses zu den zentralen Fragen unserer Zeit.

Dabei konzentrieren sich unsere Publikationen auf jeweils ein Thema, das aus einer Box mit sieben Büchern besteht.

In sechs zugänglichen Essays geben unsere Autorinnen und Autoren Einblicke in ihre unterschiedlichen Perspektiven. In einem exklusiv der Themenbox hinzugefügten siebten Buch werden Kontroversen und Schnittstellen weitergedacht.

Stefan Klein	Die Ökonomie des Glücks
Mara Catherine Harvey	Women and Risk
Milosz Matuschek **Philipp Mattheis**	Kryptopia
Tobias Werron	Der globale Nationalismus
Winston Ma	Die digitale Seidenstraße: Chinas neue Wachstumsstory
Justus Haucap	Macht, Markt und Wettbewerb: Was steuert die Datenökonomie?
+ Perspektivwechsel	Die Essays zusammen betrachtet

Lektorat: Sebastian Guggolz
Gestaltung und Satz: Huelsenberg Studio, Berlin
Gesetzt aus der Suisse Works und Suisse Int'l
Druck und Bindung: GGP Media GmbH, Pößneck

nicolai-publishing.com
discuss@nicolai-publishing.com

Twitter / Instagram: @nicolaidiscuss

Dieses Buch ist auch als E-Book erhältlich.

Printed in Germany
ISBN 978-3-96476-020-3

Never, never rest contented with any circle of perspectives, but always be certain that a wider one is still possible.

Richard Jefferies